游艺民俗

张文霞 著

民俗山西

MINSU SHANXI

杨茂林 主编

图书在版编目（CIP）数据

民俗山西：全10册 / 杨茂林主编 . — 北京：商务印书馆，2022

ISBN 978－7－100－20223－7

Ⅰ . ①民…　Ⅱ . ①杨…　Ⅲ . ①风俗习惯—介绍—山西　Ⅳ . ① K892.425

中国版本图书馆 CIP 数据核字（2021）第 153160 号

民俗山西

（全 10 册）

杨茂林 主编

商　务　印　书　馆　出　版

（北京王府井大街 36 号　邮政编码 100710）

商　务　印　书　馆　发　行

北京顶佳世纪印刷有限公司印刷

ISBN 978－7－100－20223－7

2022 年 5 月第 1 版　　开本 880×1230　1/32

2022 年 5 月北京第 1 次印刷　　印张 57 ⅝

定价：380.00 元

序

《左传·僖公二十八年》:“子犯曰:‘战也。战而捷,必得诸侯。若其不捷,表里山河,必无害也。’”

杜预　注:“晋国外河而内山。”

瞧这一片南北狭长的地带,地势由东北斜向西南逐渐下沉,里里外外分布着高山大河,几乎把山西全境给围了起来,造就了山西典型的黄土高原景致:一望无际覆盖的黄土,一览无余广布的山脉,几乎是山峦叠嶂、岭谷纵横,丘陵起伏、沟壑遍野,不乏险峻幽深,不缺粗犷雄秀,山色不同、神态各异,干旱少雨、四季分明。数千年来,我们的祖先一辈一辈生活在这里,自给自足,繁衍生息,同这块属于温带大陆性季风气候的土地相存相生相斗相融,把这里耕耘成了北方地区较为适合人类居住的地方。我一直认为,这个区域就是大自然的能量和人类的力量结合得最完美和最充分的地方之一。

一

东是巍峨雄伟的太行山脉,诸多名山从东北倾西南构成系

列山地，恒山、句注山、五台山、系舟山、太行山、太岳山、王屋山、中条山呈“多”字形延展，雄浑壮阔、不同凡响，不仅是黄土高原的东界，而且是中国地形第二阶梯的东缘。这里地势险要，山高林密，河川交织，干旱少雨，山间存在着不少沉降盆地。上党盆地周边群山环绕，清漳河、浊漳河汇流此地，平畴绿野，嘉禾郁郁，涓涓细水，成河飞流，泽州盆地周围皆山，中部平坦，丹河、沁河流穿其间，森林茂密，水源富集，岩洞奇绝，瀑布垂练，都是一派自然天成、引人入胜的景色。其南端主要是中条山脉，其中历山北倚汾渭地堑，南临黄河谷地，山势陡峭、山丘众多，气候温暖、雨量充沛；中条山兀立于运城盆地和黄河谷地间，陡峰深谷、层峦叠翠，丛林荫蔽、草甸丰美，适宜人类繁衍生息。太行山脉是我们祖先最早出现的地区之一，早在 180 万年前，远古人类就开始在这里活动，历经旧石器和新石器时代，留下了人类起源和社会演进的诸多轨迹，如曾经在北部山麓地带狩猎为生的许家窑人，在中部东麓过着原始定居生活的磁山人，在南边过着刀耕火种采集狩猎群居生活的下川人，还有离我们更近的、已经步入青铜时代的东下冯人。是这片古老广袤厚实的土地，以及生活在其上的粗犷淳朴勤劳的先人，一起创造共享传承了丰富多彩、恢弘大气的中华文明的历史篇章。

西是覆盖深厚黄土的吕梁山脉，自东北向西南横亘着七峰山、洪涛山、管涔山、芦芽山、云中山、黑茶山、关帝山、紫荆山、龙门山等断块山地，宛如一条脊梁，中间隆起两边低延。从西坡看，吕梁山地向黄河谷地延伸，整体上东高西低，黄土广泛覆盖，受季风影响，气候干旱温暖，丘陵众多，墚峁成群，沟壑纵横，间有台垣盆地，地形支离破碎；从东坡看，黄土断续分布，山多坡广川少，气候湿润寒冷，有土石山区、黄土丘陵、沿川河谷，有高山峻岭、高山草甸、高山天池，也有寒温带针叶林、温带针阔叶混交林、暖温带阔叶林。吕梁山脉也是我们祖先较早活动的区域，从旧石器时代起就有人类生存，吉县柿子滩遗址有中国历史上最早的“火塘”遗迹，到新石器时代，人类活动更加频繁，成为沟通中原和西部地区交往的重要纽带。吕梁山是个很奇特的地方，自然条件恶劣、生存环境艰苦，但数千年来，我们的祖先与天斗、与地斗，开创了适合自身的生产生活方式，成就了代代相传、生生不息的人类传奇。

两山之间则是一连串狭长的台阶式下降的断陷盆地，由东北向西南依次延伸，大致连成一条飘动的走廊，土地平坦，聚水避风，流淌着多条非常重要的河流，省域内数百处石器时代人类文化遗址几乎全部分布在这些河流两岸的台地与山前丘陵地带上。大同盆地在省域北部，是北方之门户，边缘山地丘陵，留有多座火山，桑干河从中流过，两岸地势平坦宽广。至少约 2.8 万年前，在旧石器时代晚期，峙峪人就在这里繁衍生息。下来就是省境中部偏北的忻州盆地，有高山环绕，还有洪积平原发育的滹沱河上游谷地和地势平坦的忻定盆地。旧石器时代中期这里就出现了人类劳动，新石器时代更是广泛聚居着属于仰韶文化和龙山文化类型遗存的原始部落。太原盆地在省域中部，东西与山地相接，盆地由北东向南西延展，汾河中游穿过，土地宽阔肥沃。盆地边缘环绕着黄土台地和黄土丘陵，在仰韶时期就有人类活动，到了龙山时期，先人则出现在平原周边稍高的地方。往南过霍山口是临汾盆地，至侯马折向西，东西以大断层与山地相接，汾河下游穿经流入黄河，土壤肥沃，气候温暖。晚更新世早期的“丁村人”就在这里生活繁衍，过着采集狩猎的集体生活。作为山西新石器时代早期的枣园稼穑，就折射出先民早期的农业活动情况。陶寺文化更是标志了文明社会的到来，农耕成为养育先民的基本的生产生活方式。最后是运城盆地，省域西南部一个强烈的沉降盆地，盆地内多河湖堆积，涑水河由东北向西南流入黄河，四季分明、无霜期长。这里留存有很多旧石器时代至龙山文化晚期遗迹，是寻找夏文化源头的重要区域。

世界上很少有自然环境如此艰苦，人类的生命力又如此顽强生长、旺盛充沛的地方。我深切感到，这片土地非常慷慨，对一切已经发生、正在发生以及将要发生的都悉心收纳，从不推诿放弃，不会让任何劳动没了收获，至迟从180万年前开始，就以兼爱无私的博大胸怀，无怨无悔、不离不弃地养育了一代一代命运多舛、抗争不息、勤劳不怠、淳朴诚实的先民，留下了女娲造人、精卫填海、后羿射日、愚公移山等感人故事；而先民对自身价值的发现，对文明社会的探索，都来自身下这片土地，他们不断窥探自然的奥秘，挖掘生活的价值，调节社会的关系，忍耐痛苦的折磨，享受人生的快乐。凡此种种，经年累月，就在山西这样一个相对封闭的区域内，长出了富有特色的民俗文化，流出了含蓄而奔放、凄美而热烈的山西故事。我经常想，只有深刻了解了这片土地及其上的所生所长，人们才能进一步认识到，这个世界上多灾多难的古老民族，为何能一路走来、生生不息！

的确，自先民最早踏上这块土地，便在这里开拓自己、和纳他人。由于地理位置和特殊条件，农耕民族和游牧民族在这里持续对峙碰撞，不断有新民族迁入、有汉民族迁出，经常是大出大进，所以多民族在此杂居生活、交融文化，加之区域内各地环境差异较大，地理、水文、气候、物产、语言等多有不同，使得生产生活、居民性格、社会交往等各具特色，因此，这里的民俗文化自然也是多元生长、丰富多彩，形式有异、特点纷呈。事实上，山西民俗有中国北方汉民族的文化共性，也蕴含独特的地域风情，这是自然因素的影响，也是民族融合的特殊文化气质的渗透。从胡服骑射到文明新装、从穴居野处到晋商大院、从羊皮筏子到黄河大桥，都呈现出物质精神生活的演进以及生产生活方式的变化，透露了山西民俗所涉及的民族生活和繁衍的信息，以及带来的关于民族生存和发展的启示，使人更加深刻地感受了传统文化视野下山西区域的人与人、人与自然、人与社会的关系。特别是，虽然这里生存条件不是很好，有些地方还很恶劣，人们活得比较艰苦，但是他们始终追求美好的强烈愿望、敢为人先的奋斗精神、诚信守义的生活态度，确实都通过民俗文化及其背后故事生动地跃然纸上，令我们感慨不已。作为后人，我们要有敬畏，应该倍加珍惜！

二

山西民俗涉及人们的衣食住行以及信仰、禁忌等方方面面的内容，有显著的活态特点和十分广泛的群众基础。从理论上看，“民”一般指民间或百姓，“俗”则多指其生活习惯或方式所涉及生活的文化。葛剑雄先生认为，“俗”比较稳定，存在时间较长，影响范围较大，这样“俗”被越来越多的人接受，逐渐成了群体生活的重要部分。而钟敬文先生则认为，民俗既是一种历史文化传统，也是人民现实生活中的一个重要组成部分。我个人以为，“民俗”形成的本身就是一个动态过程，然而一经历史沉淀就会成为传统，在得到群体认同的过程中，也会在观念、信仰、准则、习惯、制度等方面得到反映。因此说，民俗具有深刻的文化意义，是传统文化的重要内容，是不同地区人们生活智慧文化的外在体现。在挖掘整理和深入研究中，我始终有个深刻感受，那就是山西民俗是一种活化的历史文化资源，是传统文化的基础或底蕴，会与不断变化的现实环境相结合衍生出新的形式和内容。而在历史和文明演进中，山西民俗作为传统文化，在民间已经外化为制度和规约，内化为观念和认知，不仅在过去，而且在当下，在百姓日常生活乃至国家社会治理方面都起着重要作用。

事实上，民俗虽然说的是百姓的事情，但是具有非常强烈的主体意识，与民族的生命活力及其延续本身密切相关，很容易实现身份认同，享有共同的生命观。从民俗元素中抽象出的传统文化，都具有原始环境的本真韵味，是原初的思想和根底的行为，凝聚了最基本的人类思想和情感要素。从山西民俗中，可以发现不同时代的人的思想和行为特质，可以从人们思

想情感、生产生活中探寻那些流淌着的文化乡愁，那种与泥土青草、村落民居、山川河流同构的浓郁传统生活，通过人与人、人与物、人与天地之间的联系，来透视生长其中的信仰、情感、希望、乐观等。山西民俗反映了人类的生命力，以及人类在生生不息中摆脱不了的宿命。正如楼宇烈先生所认为的那样，生命是一代一代相延续的，父母子女、兄弟姐妹之间有血脉联系，彼此之间都是有责任、义务的。因此，从薪火相传意义上说，山西民俗在本质上就是一种代代延续、辈辈传承的责任或者义务。张岱年先生认为，中国传统文化有两个基本精神，一是“以人为本”，强调人的价值，表现人的自我认识和道德自觉心；一是“以和为贵”，强调人人和谐共进，表现人们的求同存异和多样性统一。山西民俗是特别讲求这些基本精神并以此为底色或本质的。

我国历史源远流长，多民族统一大国是两千年来的基本国情。任继愈先生认为，这个国情综合地显示着中华民族的思想文化、生活准则、宗教信仰、伦理规范、风俗习惯和政治制度。在他看来，观察中国历史、研究中国问题，都不能不以这个国情为出发点，又落脚到这个出发点。显然，任先生这段话主要是从形而上角度来思考的，但对我们深刻认识山西民俗文化有启示意义，因为多民族统一大国的两千多年的基本国情，同样是由悠久流长、多姿多彩的、与百姓生产生活如影随形的民俗文化显示的。换句话说，就是山西民俗文化能从多个角度、在多个层面反映着这一基本国情的思想、准则、信仰、伦理、习惯、制度的主要内容。所以，按照历史唯物主义的观点立场方法，对山西民俗进行文化意义上的梳理分析，更好展示其源流、概括其特点、阐释其价值、揭示其发展规律，对于进一步讲好中华文明、体现中华文明智慧力量，具有重要意义。

山西民俗需要守护和创新。楼宇烈先生说，传统就是我们的原创。这话很有道理。山西民俗作为这样一种原创性的重要传统文化，不能片面理解或者武断排斥，而要全方位记录好保存好，更要主动传承好弘扬好。在当下数据时代、智能社会背景下，在城市化迅猛发展进程中，山西民俗也要创新，以求更好生存发展，融入现代社会并发挥积极作用。因为，每种民俗都镌刻着传统文化内涵，流淌着民族精神价值，都会随着时代变迁而精进发展。今天，百年未有大变局与科技变革大趋势，为这种发展规定了方向和提供了条件。荀子有句话说得好，“循其旧法，择其善者而明用之”，意思是用其善并发扬光大，是发展的核心要义。我以为，其中最大的善，就是在发展中不断彰显人类的生命价值、拓宽人们的精神世界。对民俗文化研究而言，就是围绕生命本身及其延续意义，着力构建起更为广泛的血脉联系和责任义务，并通过不断创造来维护血脉联系和履行责任义务。

山西民俗作为传统文化的重要组成部分留存至今，一定有它长期留存的原因，那些传统社会反复出现的生产生活方式，持续作用的约定俗成、长期持有的信仰禁忌，都与我们能走到今天有直接关系。五年前，当我们以山西文明历史角度，开始研究和撰写《民俗山西》时就讨论过，通过编撰这套文化读物想告诉读者什么、用什么方式告诉、期待产生什么效果的问题。自那以后，这些问题一直伴随着相关的挖掘整理、分析研究、撰写修改的全过程。现在本书即将付梓出版，我们对问题的答案更加清楚了，那就是以人为本、以文化人，不忘本来、面向未来，尽量做到系统全面、图文并茂，着力融合历史性和学术性，力求兼顾现实性和可读性，在此基础上，把一幅幅鲜活生动的民俗画卷奉献给读者，把一个个富有智慧的生产生活启示展现给世人，这应该就是我们研究历史的学者要担起的使命责任吧！

是为序。

杨茂林

2022 年 3 月　太原

目　录

概　述

游艺民俗是一种以消遣娱乐、调剂身心为主要目的的民俗活动。它是在特定的自然环境和人文环境中孕育而成，是人类在一定的物质生存条件基础上，为满足精神需求而进行的文化创造，在民俗文化中占有重要的地位。

“游艺”这个词古已有之，但与现在的概念并不相同。此词最早源于《论语·述而篇》：“志于道，据于德，依于仁，游于艺。”孔子提到的“游于艺”，是指置身于礼、乐、射、御、书、数六艺之中的含义。朱熹《四书集注》对“游艺”的解释为：“游者，玩物适情之谓。艺，则礼乐之文。”近代的杨荫深认为，游艺是游戏的艺术，并没有含着什么深奥的意义。古代的游艺是指艺术上的修养与锻炼，近代的游艺才发展成为“游乐艺术”，泛指各种娱乐活动。20 世纪 80 年代后，游艺逐渐成为重要的民俗事象被研究。

虽然“游艺”一词从近代开始使用，但是各种娱乐活动早在原始社会初期就已经出现，人们通过各种嬉戏活动，增强体力，培养生存技能，娱悦身心，亲和群体。当原始人群在狩猎或采集时，围着所猎取的野兽或所采集的果实欢呼、蹦跳，就

是原始歌舞的起源；原始人群飞奔追逐野兽，以弓箭、石矛射击和投刺野兽，就是赛跑、射箭、投标枪等竞技比赛的雏形。原始人群由于缺乏对自然界的客观认识，在此基础上产生了神灵崇拜和祭祀活动，进一步发展创造、升华了各种娱乐活动。随着社会的发展，人类自信心日益增强，宗教观念渐趋淡漠，祭祀活动日渐失去严肃性，由“娱神”向“娱人”过渡，最终演变为民间娱乐活动。

游艺民俗的范围广泛、内容丰富，以群众喜闻乐见或自发参与表演的形式为标志，主要包括民间游戏、民间竞技、民间社火等。民间游戏是游艺民俗中最常见、最普遍、最有趣味性的娱乐活动，它不受时间、地点和条件制约，是一种随意方便的自娱自乐活动。民间竞技是游艺民俗中分布极广的体育、技巧比赛活动。民间游戏和民间竞技活动是紧密联系的，如踢毽子、下棋、拔河、放风筝等，都具有竞技性和娱乐性。民间社火具有群体性、规模性、竞技性等特点，主要集中在岁时节日表演，主要有龙灯舞、狮舞、高跷、旱船、秧歌、锣鼓等，这些表演队伍相逢时，便相互对阵竞技，表演场面热闹非凡。随

着人类文明的不断进步，社火类的游艺民俗从祭祀神灵活动逐渐过渡为民间娱乐活动，成为具有浓郁地方特色的民俗娱乐活动。从简单易行的民间游戏到规则严格的民间竞技，从娱乐健身的民间竞技到自演自乐的民间社火，都是人们在闲暇时光和重大节日里娱悦身心的一种重要休闲方式，能给人们带来积极、健康、向上的精神慰藉，是流行在民间的群众性十分广泛的文化娱乐活动内容。

游艺民俗既有民俗的共性，又有自身的特点，主要有以下特色：娱乐性与竞技性相融合、季节性与节日性相结合、地域性与民族性相结合等。很多游艺民俗兼具娱乐性和竞技性特征，特别是在民间游戏和民间竞技活动中，“你中有我，我中有你”的现象很常见。很多游艺民俗活动具有明显的季节性特点，多以节日为载体集中演出，比如，春季放风筝、初夏“斗百草”、秋季斗蟋蟀、冬季抽陀螺等。游艺民俗受生产、生活方式和地域条件的制约，具有强烈的乡土气息和独特的民族性，比如舞狮活动广泛分布于全国各地，但不同地域各具特色，形成了许多流派。

大多数的游艺民俗活动并不是孤立或单独进行的，常常与生产活动、社会生活及信仰生活相结合。并且，游艺民俗常常存在于各种民俗生活中，是各项重大民俗事象的鲜明标记。因此，民俗学在探讨经济、社会和信仰等民俗事象时，一定不能忽视游艺民俗的作用。

民间游戏

游戏是一种休闲娱乐活动，是一种基于物质需求满足之上的，在一种特定时间、空间范围内遵循某种特定规则的，追求精神需求满足的社会行为方式。在《辞海》一书中对游戏的定义是：体育运动的一类，有智力游戏和活动性游戏之分。智力游戏有下棋、积木、打牌等，活动性游戏有追逐、接力及利用球、棒、绳等器材进行的活动，多为集体活动，并有情节和规则，具有竞赛性。亚里士多德对游戏的定义是劳作后的休息和消遣，本身不带有任何目的性的一种行为活动。

民间游戏是一种民俗文化，是游艺民俗中最常见、最普通、最有趣味的一种娱乐活动。中国著名民俗学家乌丙安先生对民间游戏的定义是指流传于广大人民生活中的嬉戏娱乐活动，俗称“玩耍”。它主要流行于少年儿童中间和节日里成人娱乐节目中，种类多样，有室内生活游戏、庭院活动游戏、智能游戏、助兴游戏、各类博戏等。它具有浓厚的地域文化气息，玩法简单易学，趣味性强，材料简便，不受人数、场地、环境限制。它具有一定的规则，但又具有随意性，一些游戏可以就地取材。因为具有极强的趣味性，所以能够代代流传。

游戏源远流长。首先出现于动物世界里，是各种动物熟悉生存环境、彼此相互了解、习练竞争技能、进而获得“天择”的一种本领活动。后来在人类社会中出现，原始人类以游戏的方式把狩猎、捕鱼、采集、作战、家务操作、制造简单工具和武器的方法传授给小孩，同时小孩也自发地对周围环境和成人的行为进行观察和模仿，进行各种简单的象征性游戏。随着人类社会不断进化，人们的生活或劳动方式、生产或交通工具等也不断演变发展，游戏也随之发生变化，出现了猜谜、棋弈、填字、抽陀螺等游戏。随着社会发展的不断进步，民间游戏正以创新、变异等形式发展，一些与社会发展不相宜的游戏正在慢慢消失，逐渐被淘汰，淡出人们的视野，如“打瓦”；一些民间游戏至今经久不衰，广为流传，如“放风筝”；一些游戏随着时代发展不断推陈出新，形成了新的民间游戏，如“滑旱冰”。如今，现代高科技电子产品正在改变着人们的生活，电子游戏、网络游戏、电动玩具等成为主流游戏，民间游戏不断被替代，发展空间越来越狭窄。

山西的民间游戏种类繁多、形式多样，分为益智休闲类游戏、体育竞技类游戏、棋艺类游戏、模拟表演类游戏等，主要有九连环、七巧板、翻花、丢手绢、放风筝、荡秋千、跳房子、跳皮筋、骑竹马、打瓦、踢毽子、滚铁环、抽陀螺、拔河、滑冰、五子棋、围棋、老虎吃绵羊、捉迷藏、老鹰抓小鸡、过家家等。

民间游戏承载着优秀传统文化，其产生、发展和演变过程中蕴藏着深厚的文化内涵和重要价值，由于受社会发展进步、外来文化冲击和新媒体发展的影响，民间游戏的传承与发展遭

受到了巨大的挑战，许多民间游戏正在流失，逐渐走向衰落。因此，留住历史，珍藏记忆，发掘和弘扬民俗文化不仅是兴趣和爱好，更是责任所系。

九连环

九连环是一种传统益智玩具，相传起源于山西，已有近两千年的历史。最早关于九连环的记载是明代杨慎的《丹铅总录》，文中写道："九连环，两者互相贯为一，得其关捩，解之为二，又合而为一。"16 世纪流传到国外，西方人认为是人类发明的最奥妙的玩具之一，被称为"中国魔方"。九连环一般用金属丝制成九个圆环，将圆环套装在横板或框架上。玩时，依法使九环全部连贯于铜圈上，或经过穿套全部解下，其

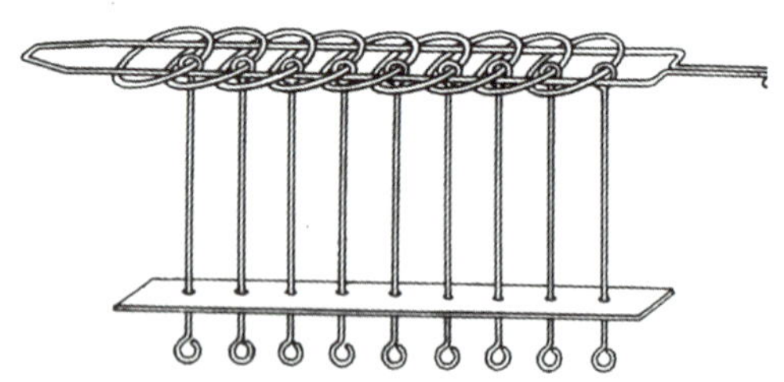

九连环

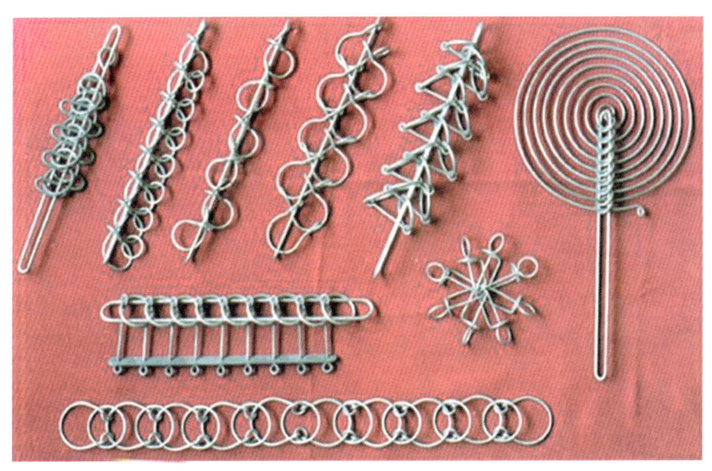

九连环

解法多样，可分可合，变化多端。得法者需经过81次上下才能将相连的九个环套入一柱，再用256次才能将九个环全部解下。九连环是按照一种顺序来解的，每个环互相制约，只有第一环能够自由上下。要想下/上第n个环（第一个环除外），就必须满足两个条件：一是第n-1个环在架上；二是第n-1个环前面的环全部不在架上。解下九连环本质上要从后面的环开始下，而先下前面的环，是为了下后面的环，前面的环还要装上，不算是真正地取下来。

九连环形式多样，规格不一，其框柄主要有剑形、如意形、梅花形、蝴蝶形等，形状有花篮、绣球、宫灯等。它具有

极大的挑战性和趣味性，可以培养游戏者的信心、细心和耐心，从古代众多益智游戏中脱颖而出，流传至今，经久不衰，且得到了传承和发展。

七巧板

七巧板，又名“七巧图”“智慧板”，是我国古代历史悠久的传统智力游戏。传说，七巧板是由一种古代家具演变而来。宋代有个叫黄伯思的人，对几何图形很有研究。他发明了一种用 6 张小桌子组成的“宴几”（请客吃饭的小桌子）。后来有人把它改进为 7 张桌子组成的宴几，可以根据吃饭人数的不同，把桌子拼成不同的形状，这样用餐时人人都方便，气氛更好。后来，有人把宴几缩小到只有七块板，用它拼图，演变成一种玩具。因为它十分巧妙好玩，所以人们叫它“七巧板”。

根据史料记载，七巧板是由宋代“燕几图”演变而来，到了明代基本定型，并流传海外，风行世界，号称“唐图”“东方魔板”，意为“中国的图板”。我国传统的七巧板图板形状规范、典雅大方，分割既科学又巧妙，具有深厚的中华文化底蕴，李约瑟说它是“东方最古老的消遣品”之一，至今英国剑桥大学的图书馆里还珍藏着一部《七巧新谱》。

七巧板

七巧板是由平面正方形对称分割出的一块正方形、一块平行四边形、两块大三角形、两块小三角形和一块中型三角形等七块板组成。最显著的特点是全部的图形板都以“矩”为基础，聚合后为正方形，拆开后也可以拼合出多种概括性极强的图案。玩时，将七块板拆开，可以拼成植物、动物、人物、建筑、车船等一千六百多种几何图形。拼图游戏其实是一种艺术创作，讲究诗的意境，要求形美、神美、意美兼备，和谐统一，让游戏者充分品味玩具变化中暗藏的技巧和幽雅的情趣。其内含几何学原理可启发儿童智慧，活跃形象思维，培养锻炼儿童的想象力和空间感知力。后来，民间流行的益智图（由 15 块大小各异的板块构成）、积木、魔方、智力拼盘等儿童智能游戏，也可以看到七巧板的影子，或者说就是七巧板的传承、发展。

翻花

翻花是一项少年儿童喜爱的益智游戏，在山西不同地区有不同的叫法，有的地方叫“翻花”“翻单单”“翻股”，有的地方叫“挑线”“抄花”等。

翻花

翻花的历史很悠久，是流传于我国民间的传统智力游戏。清朝蒲松龄在《聊斋志异·梅女》中就有这方面的描写。封云亭与梅女因长夜难遣，聊为交线之戏。此处所指的交线就是翻花。二人“促膝戟指，翻变久良”，“愈出愈幻，不穷于术。封笑曰‘此闺房之绝技也’”。

翻花使用的道具为一根绳子，大约长一米左右，将绳子首尾打结，呈环状。玩法可以一人玩，也可以两人玩。一人玩法是：将绳圈套在双手上，用双手手指或缠或绕或穿或挑，经过翻转将线绳在手指间撑出各种花样来，主要有五角星、乌龟、蚊子、松紧带、金鱼、香皂盒、桥、喇叭、秋千、降落伞、太阳落山等花样；两人玩法是：一人用两手翻成有花样的套，另一个人用双手的拇指和食指伸进花样的套中挽一下或几下再绷起来，又形成新花样，主要有双十字、花手绢、面条、牛槽、酒盅、媳妇开门等，这样互相交替翻，直到有一个人不能再翻下去为止，谁翻的花样多谁就胜利，翻得少或者重复就算输。

翻花游戏有助于培养少年儿童的想象力、创造力，锻炼手指的灵活性，翻花过程也是相互比赛、交流的过程，有益于人际交往合作能力的发展。

抓子

抓子，也称“抓石子”，多为女孩子玩的儿童游戏，在我国许多地方广为流行，是历史较久的一项民间游戏。此游戏起源于何时，史无详载。明代刘侗、于奕正《帝京景物略·春场》记载：“是月也（指正月），女妇闲，手五丸，且掷且拾且承，曰‘抓子儿’，丸用象木、银砾为之，竞以轻捷。”其中所描述的玩法，至民国年间基本未变。清代妇女玩者很普遍，《红楼梦》第六十四回有一段晴雯、芳官等在宝玉的怡红院里玩抓

抓子

子儿的叙述。

抓子游戏的道具一般为小鹅卵石或磨光的小砖块、小石块、杏核等，数量为五枚、七枚、九枚等。玩时，一枚作为母子，将母子向上掷的同时，迅速将手中剩下的子放在地上，待母子未落时尽快抓起地下的一子或数子，并迅速接住母子，母子不能掉在地下，否则为输。先从一个子抓起，再抓两个，以此类推，直到把地上所有的小石子抓起且不犯规才算胜了一轮。这种游戏全靠眼明手快，可以锻炼人们的手眼协调能力和动作的敏捷性，是女孩子十分喜爱的游戏。此类游戏在20世纪六七十年代的山西农村地区最为流行，但随着社会不断发展，抓子游戏在慢慢消失。

砸杏核

在过去物质匮乏的时代，吃杏后，将杏核洗干净、擦干后，保留并积攒起来，积攒的杏核便成为孩子的游戏玩具。一颗小小的杏核，可以玩出许多花样，如弹杏核、砸杏核，都深受孩子们喜爱。砸杏核游戏，一般是两到三人一起玩，每人分别准备若干杏核，并挑选出一个大的重的杏核作为手核。手核有的是灌了铅的杏核，挑一个个头大的杏核，在砖头或水泥地上磨出一个小孔，然后用铁丝把里面的杏仁儿抠出来，再把捡来的牙膏皮

砸杏核

和废保险丝，放在家里做饭的铁勺里搁火炉上熔化后，从小孔把铅灌进空壳的杏核，这样杏核份量加重，受风力影响小，易抛掷，准确率高。游戏开始前，先找半块砖头或在地上挖一个直径约二三寸的小坑，在坑周围一指左右画出一圆圈，参与游戏者每人拿出相同数量的杏核，放在砖上或放进坑里，然后通过石头剪刀布的规则决定谁第一个砸。游戏开始时，第一个人用手核在眼前瞄准，对着砖头上或坑中的一堆杏核狠狠地砸下去，如果将砖头上或坑中的杏核砸出一个，那么这个就归其所有，再继续砸，如果砸不出杏核，就换另一个人砸，以此类推，直到砖上或坑内杏核全部被砸出，游戏结束。

这个游戏看似简单，其实有一定的技术含量，眼、手中杏核和地上的杏核这三点成一条直线，然后用力砸杏核，才能砸中，既锻炼臂力，又练眼力。

挑木棍

挑木棍，又叫“挑棍”“挑小棍”“游戏棒”或“撒棒”，是在我国各地广泛流传的老少皆宜的益智小游戏。

游戏是在两个人之间进行，木棍一般为积攒下来的雪糕棍或在市场上专门买的标准木棍。游戏时，每个人拿出数量相等的木棍放在一起，首先通过石头剪刀布确定谁先挑，然后将木

挑木棍

棍双手抓住，立地对齐，双手同时撒开，使木棍儿自然散落在地面上，用先拾起的木棍做辅助工具，在不碰其他木棍的前提下，将地上的木棍一根一根地挑出来，谁挑出来的木棍就归谁所有，一旦碰到其他木棍，就算输了，换另一人再重新开始，如此依次进行，最后以手中挑得的木棍最多的为胜者。

玩挑木棍游戏时，游戏者常常屏住呼吸，认真斟酌，全盘考虑后才能决定先挑哪根，后动哪根，其游戏过程是对游戏者观察力、判断力和耐力的综合考验。

东西南北

折纸是指把纸折叠成各种形状的艺术，如小船、花篮、花儿、衣裤、器具、动物等。折纸大约起源于公元1世纪或者2世纪时的中国，6世纪时传入日本，再经由日本传到全世界。折纸可以锻炼手指的灵活性，开发智力，发展孩子的创造力、想象力、观察力，是儿童喜爱的娱乐形式之一。

在折纸玩具中，有一个“东西南北”游戏，是70后、80后年幼时最爱玩的一个折纸玩具。找一张正方形的纸，将纸的四个角向中心折，折成一个小的正方形，将纸翻过来，再一次将四个角往中心折，对折，形成一个长方形，用手指撑开纸片，就形成了一个立体的漏斗形，在漏斗外面的四个角分别写上“东”“南”“西”“北”四个字，里面相应的写上惩罚或奖励，如“官员”“警察”“小偷”“地主”等，就可以开始玩了。一般由四五个孩子一

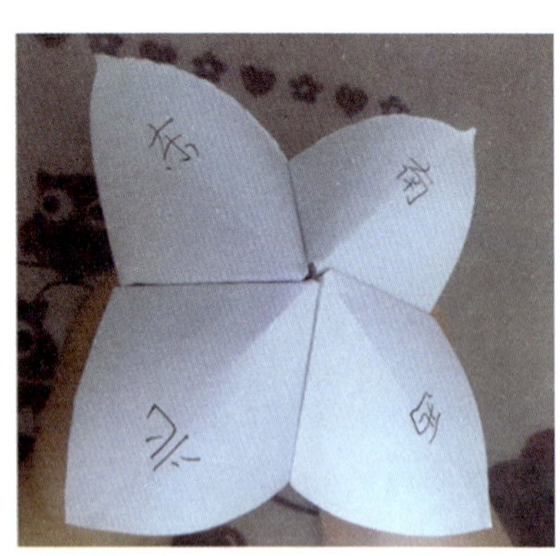

东西南北

起玩，其中一个孩子手持漏斗，其他孩子分别报出自己想要的一个方向和折数，例如“南，十五下”，对应的是“官员”，那他就是本轮游戏的发号施令者；若所要方向里面对应的是“警察”，那他就要绝对听命于“官员”的指挥，而最倒霉的是所要方向里面对应着“小偷”或“地主”的小孩，只要“官员”一声令下，就得赶快跑，否则会被“警察”逮着“痛打”一顿。这类游戏过去在山西流行广泛，不同地域的角色和玩法都不尽相同，但从角色的称谓来看，其历史并不久远，应该是近代社会结构变迁和警察制度诞生后的产物。

荡秋千

八挂秋千

荡秋千又称“打秋千”，是流传在民间的一种健身游戏，已有两千多年历史。相传是春秋时齐桓公由北方山戎传入，如《事物纪原》卷八：“(秋千)本山戎之戏也，自齐桓公北伐山戎，此戏传入中国。”另一说起源于汉武帝，为汉后庭之戏，《湘素杂记》说道："秋千，汉武帝后庭之戏，本云'千秋'，祝寿之词也，语讹传为'秋千'。"隋唐时期，此戏为皇宫内宫女所好，后来民间很快盛行，成为清明、寒食、端午等节日流行的民间娱乐活动。

山西最具特色的秋千是长治秋千，包括车链秋千和八挂秋千，常在庙会和节日期间搭设，具有强烈的民俗色彩。车链秋千的主要构件是大铁脚车轮和铁链子。搭设比较简便，先选一根木柱，作为老杆，将下端固定，在上端设轴装大车轮，轮上缚置四条木棍，各伸一截于轮外，悬吊四挂秋千。老杆下部横装推杆，推动推杆，秋千即旋荡起来。随着转带加快，秋千荡升到几乎近于水平状态。

八挂秋千是一种装饰华丽的亭式秋千，因悬吊八挂秋千而得名。八挂秋千的主体骨架是一条可以转动的木柱，也叫老杆，老杆为转轴。推杆与老杆绑结为一体，推动推杆使老杆转动。同时，以老杆为中心搭设圆形木台，中间设置枢纽。台座周围以棚布遮苫，台沿搭两架木梯供上下。老杆顶端搭成一个八角亭式的伞形，讲究者有搭成八角楼阁的，其装饰方法与装檐台相同。顶面以蓝、白条布交错组成，檐下装饰各式彩绸和玻璃镜。八个檐角高高挑起，每角悬挂一架秋千。玩者登台上秋千，人力推动推杆，八挂秋千便同时旋转并逐渐悠荡起来。如今，每年春节和传统庙会期间，长治一些地区都会

放风筝

举行荡秋千娱乐活动，人们通过荡秋千寄托对美好生活的无限向往。

放风筝

风筝是一种民间玩具，也是一种传统民间工艺品，现在已经成为一项老少皆宜的休闲、健身活动。每当春天来临时，公园、广场等空旷的地方到处是放风筝的，大人带着小孩欢快地玩耍。风筝，又名“纸鸢”或“纸鹞”，历史悠久，起源于春秋时期，到五代时，纸鸢乘风上天，鸢上系竹哨升空，迎风哨响，其声如筝鸣，才改称“风筝”。古时风筝用于军事，唐朝以后，逐渐成为娱乐工具。清人高鼎有《村居》诗曰：“草长莺飞二月天，拂堤杨柳醉春烟。儿童散学归来早，忙趁东风放纸鸢。”这首诗说的就是春天孩童放风筝的习俗。现在，随着科学技术的发展，风筝制作技术越来越精湛，种类和形状也越来越多，放风筝更加受到人民群众的喜爱。

河东风筝

河东风筝是运城地区河东人特有的传统习俗，河东风筝起源于四千多年前的虞舜时期，是因农事需求而发明的，根据有关“舜服鸟工服飞去”的记载，说明舜已掌握一些空气力学方面知识。后又因河东谷黍在成熟之际，常常遭受雀鸟啄食，于是人们经反复实测，制作了风鹞（类似现在的风筝），放飞在空中保护庄稼不受侵害。河东风筝是河东先民智慧和劳动的产物，具有鲜明的民俗特色，在全国享有很高的知名度。2013 年，被国家体育总局授予“中国体育非物质文化遗产保护与推广项目”。2014 年，河东风筝代表山西省参加全国体育文化、体育旅游博览会，并获得“中国体育文化旅游精品奖”。2017 年 10 月，河东风筝被列为山西省第五批省级非物质文化遗产代表性项目名录。

滚铁环

滚铁环，又称“滚铁圈”“推铁环”，是 20 世纪六七十年代曾经流行于全国各地的儿童游戏。此游戏早在汉代时就是百戏之一，是旧时汉族盛行的民间游戏。

当时，物质匮乏，铁环的制作一般就地取材，用旧盆旧桶以及各类旧物上卸下的箍圈废铁丝改造而成，滚动的手柄基本一样，就是顶头为“U”字形的长铁棍或安上木制手柄的铁丝钩，以利于铁环在槽内滚动。更讲究的，在大铁环上套上几个小铁圈，滚动起来，哗哗啦啦地响，很是威风。现在，铁环是商家制作，用一根铅笔粗细的钢筋弯成一个圆圈，接头处焊接而成，直径为 60 ～ 80 厘米不等。

滚铁环技法是有一定难度的，推着它行走没想象中那么简单，需要用铁钩控制住方向，或直走或拐弯，或快或慢，全靠手中的铁钩指挥。技术熟练的孩子可以绕过各种障碍，上坎、下沟、沿墙行走，能滚出各种花样，令别的孩子羡慕

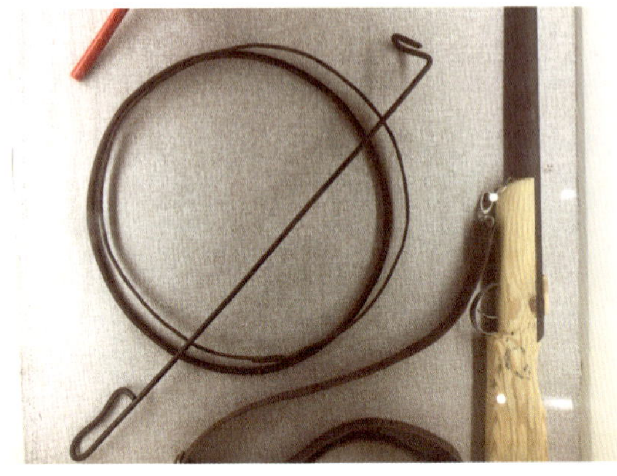

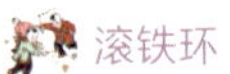
滚铁环

不已。如今，虽然滚铁环已在山西的一些学校的体育课上出现，目的是培养孩子的手眼协调能力，提高人体的平衡性和四肢活动能力，但是这种怀旧式的现代竞技项目并未引起孩子足够的兴趣参与其中，反而引发家长关于儿时玩铁环的快乐回忆。

打瓦

打瓦游戏是一项由多人参与的竞技性投掷游戏，也是一项民间体育活动。

打瓦古代的名字是“击壤”。击壤源于帝尧时代，距今至少有四千年的历史。晋皇甫谧《帝王世纪》中记载：“(帝尧之世）天下大和，百姓无事，有八十老人击壤千道。”人类用石块、木棒围猎取食，为了投掷得更准确，平时便练习投掷。后来由于工具的改进，这种练习便演变成一种游戏。宋朝演变为“打砖”，到了明清时期，击壤发展成为“打瓦”，清代蒲松龄《聊斋俚曲·磨难曲》中有“长街打瓦，踢毽罚毛”一语。现在的“打瓦游戏”与明清的基本类似。

打瓦是一种男孩子玩耍的竞赛活动，参加人数从两人到多人不等，单打、分组形式灵活，马路、庭院场地不限，既适合儿童游戏，更适合中青年人娱乐，老年人也可参加。“瓦”一般选取经过打磨的长宽约20厘米、厚约2厘米的方正石块、

打瓦

瓦片、砖块等，参加者可以一对一对打，也可以多人对打。打瓦时，每人拿一块瓦片，在长约 10 米的场地两端各画一条横线，猜拳赢者先攻，被攻的一方把瓦片立在线的一端，进攻者在另一端用自己的瓦片扔出击打，能打倒对方就算赢一次，进行第二节打瓦，共分为十几节。中间若有一次打不到，则停止打瓦一次，轮流打瓦，进行游戏。打瓦的动作多种多样，包括站着打、蹲着打、跳起打、转身打，把瓦片放在脚上打、夹在两腿中间打、放在头上打等等，体现了进攻防守、瞄准打靶、团结互助、争优取胜的乐趣与精神。此游戏规则朴素，程序简明，但内涵深厚，娱乐性强，代代传承。在山西分布地域广，

打瓦

玩法各异，称谓不一，又叫“打岗”“打尜”“打板”等，在太原晋源地区称为“顶悠儿”，晋北平鲁地区称为“穿砣砣”。2009 年 4 月，打瓦游戏被列入山西省第二批非物质文化遗产名录，其中以永和打瓦最为典型。

踢毽子

踢毽子是我国古已有之的民间传统运动项目，流传广泛，距今已有两千多年的历史。在汉代砖雕中就有踢毽子的形象。据唐代释道宣《续高僧传·魏嵩岳少林寺天竺僧佛陀传》记载：“沙门慧光年方十二，在天街井栏上，反踢蹀，一连五百，众人喧竞，异而观之。”“踢蹀”就是踢毽子。宋代的高承在《事物纪原》写道：“今时小儿以铅锡为钱，装以鸡羽，呼为毽子，

踢毽子

三四成群走踢，有里外廉、拖枪、耸膝、突肚、佛顶珠、剪刀、拐子各色。”明代的刘侗在《帝京景物略》中的童谣写道：“杨柳儿活，抽陀螺；杨柳儿青，放空钟；杨柳儿死，踢毽子；杨柳发芽儿，打拔儿。”可见，古时踢毽子很普遍，技巧也多种多样。

如今，踢毽子是一项体育运动项目。毽子的种类有羽毛毽、布毽，以前毽子都是手工缝制的，用铜钱和鸡毛制作成鸡毛毽或用六块正方形的花色布缝制成布毽；现在毽子不再手工制作，而是购买成品。踢毽子现已成为大众健身项目，在山西

踢毽子

各个公园和广场的空地上随处可见，以成人为主，比赛方式有单踢和二人对踢，有集体围成一圈传踢（以传到某人处毽子落地为输）等。踢毽子的动作多样，花样繁多，有“敲、绕、打、跪、站、揽、砍、独立、帮飞”等脚法；套数有踢、把、丁、拐、鼓、站、端、骗、叼、栏子（拖枪）、二板、漏窟、顶灯、点灯、翻浪、开弓等。

踢毽子是一项全身性运动项目，不仅强身健体，提高柔韧性和灵活性，还可以陶冶情操，有益于放松身心。人们还组成协会、团体等参加花毽大赛等体育竞技活动。

滑冰

滑冰，又称“溜冰”，是 20 世纪少年儿童喜爱的一项冬季体育活动，盛行于我国北方，在山西部分地区也十分流行。早在宋代，我国就有了滑冰运动，称之为“冰嬉”，《宋史》记载，皇帝“幸后苑，观冰嬉”，到了清朝已经成为民间的娱乐活动。清人宝竹坡的《冰戏》诗更有细致的描绘：“朔风卷地河水凝，新冰一片如砥平。何人冒寒作冰戏，炼铁贯韦作膝行。铁若剑脊冰若镜，以履踏剑磨镜行。其直如矢矢逊疾，剑脊镜面刮有声。”

在山西，除了穿冰鞋速滑和花样滑外，还有一种独特的滑冰车。以前的冰车都是自己做的，用木头制作成一个长方形或正方形的木架，在两根纵向的木条上钉上钢条或铁丝，类似于冰鞋上的冰刀，用以接触冰面，减小磨擦，利于滑行。冰车做好之后，还需选用两根下端钉入铁丝的木棍或钢筋做冰锥，用于掌握方向和拨动冰面，以推动冰车向前滑行。滑冰车主要在冰道上进行，可以两人或多人进行速滑比赛，成为儿童冬季主要玩耍的游戏。

滑冰车

现在，滑冰运动发展演变为另一种新型的滑冰运动，称为“轮滑”，鞋子用滚珠轴承的轮子做成，在平地上就可以滑行，不需要去冰面上，深受少年儿童喜爱，具有休闲和健身作用，有助于培养孩子的平衡感和专注力，提高身体素质。

跳房子

跳房子是中国民间传统的体育游戏之一，各个地区玩法大同小异，房子的形状和数量却有差异，有六格房、十格房、宽大房、圆顶房、飞机房、梅花房等。此游戏在20世纪80年代广泛流行，小朋友在地上画跳房子的九个格子，然后一起玩。

在山西，跳房子又称“跳格格”，以女孩子玩者为多，在地上用石子或粉笔画跳房子的8个或10个格，然后以猜拳的方式确定先后次序。所持跳具有沙包、瓦片、砖块或一串的铜钱、扣子等。游戏开始时，先将跳具扔到第一格，单脚跳到第一格，用脚将跳具踢向第二格、第三格……第八格，然后从第八格依次踢回第一格，再踢出来，第一格就跳完了。接着从第二格开始跳，进入第二轮，仍按上述

跳房子

跳房子

方法，以此类推。游戏规则是一间房子只能单脚着地，且只能踢一下跳具，双脚着地或踢不上跳具，跳具压线、出线等皆算输。输者主动出局，由下一个人重新开始跳。除了上述简单玩法外，还可以跳时忽而单脚跳，忽而双脚跳，忽而双脚轮换，变化多端，玩法别出心裁，彰显了游戏的趣味性和娱乐性。此游戏虽然难度较大，但颇有情趣，儿童们玩起来其乐无穷。

抽陀螺

抽陀螺，又名“打陀螺”“耍陀螺”，广泛流传于我国广大汉族生活地区。从考古发掘出土的文物来看，陀螺在中国的起源最早可追溯到约公元前5000年的新石器时代。1926年，在山西省夏县西阴村的仰韶文化遗址中出土了一个陶制的陀螺，高315厘米，盘径1.8～1.9厘米。该陀螺被断定为公元前5000年至公元前3000年的遗物。陀螺游戏最早记载于南宋时期周密所著的《武林旧事·经纪》：“若夫儿戏之物，名件甚多，尤不可悉数，如……千千车、轮盘儿。”其中“千千车”就是陀螺游戏的前身，在宋代普遍称之为“千千”。到了元明清时期，抽陀螺已经成为一种民间习俗。

抽陀螺

抽陀螺，即用鞭子连续抽打一圆锥状体，使之在冰面或平滑地面上旋转，是中国传统的民俗体育游戏。在山西，抽陀螺已成为民间喜爱的体育运动项目。陀螺有木制、竹制、石制、陶制及砖瓦磨成的等多种，以木制居多，上大下小，在锥尖底部加铁钉或镶一个钢珠，使之易转耐磨，陀螺面上涂染彩色，使之旋转起来好看。鞭杆是一根长约 30 厘米的小木棍，端头匝一根棉绳或麻绳。玩时，以绳绕陀螺上部拉动后旋于地，手执鞭绳抽打陀螺，使之不断旋转，发出“嗡嗡”的响声，有的陀螺还发出各种亮光。可间隔、匀速，可轻力、重力抽打，使陀螺平稳转动不停顿。有的还将麻绳浸水后再抽打陀螺，发出“啪啪”的声响。抽陀螺也可进行竞赛，有比旋转时间长短的，有比双人以陀螺相碰撞的，以先倒者为输。

抽陀螺

现在，抽陀螺已经成为一种全民健身体育活动，在广场、公园等开阔的场所，总能看见老人手拎着鞭子，不时抽打陀螺，发出“啪啪啪”的响声。目前，这一游戏已传播到了韩国、日本等国家。

围棋

棋是以对弈为主，其中有互相的博弈，包括中国象棋、围棋、五子棋、跳棋、军旗等。其中，围棋是世界棋类游戏的鼻祖，起源于中国，古代称为“弈”，至今已有4000多年的历史。据《论语·阳货》《左传·襄公二十五年》所记，“博弈”对弈之风盛兴，“举棋不定”的故事来自这个时期的记录。据先秦典籍《世本》记载，“尧造围棋，丹朱善之”。由此可知，围棋传为帝尧作，春秋战国时期已有记载。隋唐时期，经朝鲜传入日本，流传到欧美各国，逐渐发展成为一种国际性的文化竞技活动。20世纪90年代初，山西省社会科学院的杨晓国

围棋

先生提出围棋起源于山西陵川县棋子山，发表《论陵川棋子山与围棋起源》一文，引起了海内外各界的关注和深入研究，并且围棋源自陵川这一说法也得到了国家有关部门的认可。

围棋使用方形格状棋盘及黑白二色扁圆形棋子进行对弈。棋子数量以黑子 181、白子 180 个为宜，棋盘上有纵横各 19 条等距离、垂直交叉的平行线将棋盘分成 361 个交叉点，棋子走在交叉点上，双方各执一色棋子，交替行棋，落子后不能移动，以围地多者为胜。围棋将科学、艺术和竞技三者融为一体，是世界上最复杂的棋盘游戏之一，但几千年来长盛不衰，由于它具有发展智力、培养意志品质和机动灵活等战略战术思想意识的特点，使其成为全世界范围内最流行的棋类游戏之一。

老虎吃绵羊

老虎吃绵羊、憋茅坑、成三、下鸡蛋等属于简易棋类，这类棋随手可采集制作，一般席地而坐，就地取材，用石块、树枝、火柴等画出棋盘，游戏以吃子或占位的方式玩耍，自娱自乐，具有斗智斗勇、运筹帷幄等特点。

老虎吃绵羊，又叫“狼吃羊”，是广泛流传于山西的民间棋类游戏。先画棋盘，首先在纸上或地上画一个正方形，正方形内横竖各画三条等距平行线，再画两条对角线，然后再用线连接正方形四条边长的中点，使其形成一个小正方形，最后在正方形相对的两条边长中点外各画一个小菱形，并用直线将菱形的对角线连起来，这样棋盘就做好了。找些大点的石子为两只老虎，小石子为二十四只绵羊，小菱形为老虎窝，老虎放置于两个小菱形与正方形的连接处，绵羊放置于小正方形的四条边线的八个交点上，中间不放，先放八个绵羊。比赛开始，拿老虎的人沿着直线走，遇到绵羊时跳过去，绵羊就被老虎吃掉了，直至吃完绵羊就胜利了；拿绵羊的人，想办法堵住老虎的路而不被吃掉，直到老虎被堵得无路可走时就胜利了。在游戏过程中，面对变化多端的棋局，双方都要沉着应对，斗智斗勇，持老虎的一方不能一味地见绵羊就吃，谨防上当，而持绵羊的一方也不能死硬围堵，要讲策略。最后结果，或老虎被围死，或绵羊被杀光，输赢立见分晓。

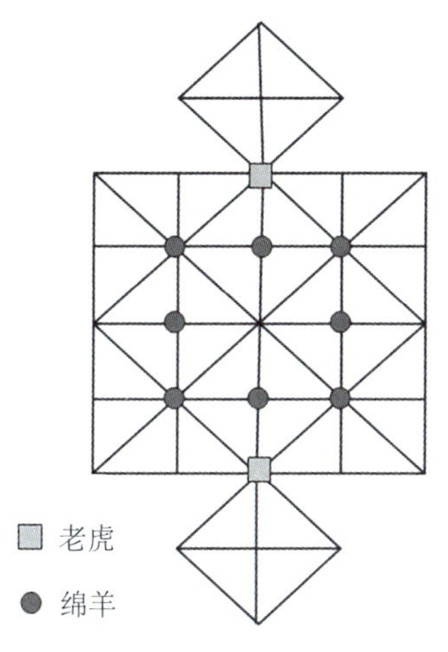

老虎吃绵羊

过家家

过家家是儿童模仿成人家庭社会生活过程的民间游戏。大多流行在四五岁儿童中间，以女孩为主，人数不限，大多为二至四人，孩子们分别扮演“爸爸”“妈妈”“孩子”等角色，模仿居家过日子、操持家务、社交往来等生活现象，即兴表演，相互编排，十分逼真。此游戏在不同时期不同地域的玩法、道具、称谓等存在较大差异。20 世纪七八十年代，游戏的道具是随处可捡的石块、破碗、木棍、破家具、破布等，孩子们还用泥巴捏成各种生活道具，如锅碗瓢盆等，游戏的内容多是平常所见所闻的一些日常生活琐事，如买菜、做饭、洗衣服、结婚、照顾婴儿、老师教学生等，模拟成人的生活情节。现在，过家家游戏仍是女孩子热衷

过家家

的游戏，但是游戏的道具和场景随着社会发展水平的提高而越来越丰富多彩。孩子们的道具不需要自己去制作和收集，商家已生产出各色各样的道具模型，如各种毛绒玩具、芭比娃娃换装玩具、用塑料制成的各色各类厨具、房子、蛋糕、购物车、医生玩具等，使得游戏内容更加真实有趣，每一位孩子都玩得不亦乐乎。

过家家游戏已传承了千余年，战国时期的《韩非子·外储说左上》中就有小孩“过家家”的游戏记载。此类游戏多是儿童自发进行，被孩子们演了一遍又一遍、一代又一代，表现了儿童向长辈学生活的初级阶段，展示了孩子童真无邪的表演，是中华民族传统文化的延续与发展。在过家家游戏中，孩子模拟成人、扮演照顾者，在对话、想象和创造的过程中自编自演、自娱自乐，培养了孩子对生活角色的理解及与他人的沟通能力，从而使他们更好地理解周围世界。

老鹰抓小鸡

老鹰抓小鸡，又叫“黄鼠狼吃鸡”，在我国广为流传，是儿童喜爱的集体游戏。山西北部农村地区将此游戏叫作“狼吃羊”。当年，晋北山村多狼，狼吃羊的事时有发生，所以称为“狼吃羊”。

游戏由多人参加，其中一人扮“老鹰”，一人扮“母鸡”，其余扮“小鸡”。一只“小鸡”在“母鸡”背后抓住“母鸡”衣角，其余“小鸡”也都各牵住一人的后衣襟，形成一列纵队。游戏开始，“老鹰”前后左右跑动去抓“母鸡”身后的“小鸡”，“母鸡”张开双臂保护“小鸡”，“小鸡”依次紧随其后，不断躲闪。若“小鸡”被“老鹰”的手摸到，也算被抓住。游戏中还规定，“老鹰”不能和“母鸡”互相推、拉、扭、抱，“母鸡”也不能拖、抱“老鹰”；“老鹰”只能从“母鸡”的两侧抓“小鸡”，不能从两臂下钻过。这是一项奔跑强度较大的游戏，各种角色都要拼命跑，特别是“小鸡”要保持不“掉链子”，否则就处于完全无保护状态，容易被“老鹰”抓住。这项游戏在山西经久不衰，至今仍是小朋友喜爱的游戏之一。在幼儿园教学中，老师经常带着

老鹰抓小鸡

小朋友玩此游戏，给孩子们的童年带来了无限乐趣。在游戏中，通过来回奔跑，互相配合，既达到了锻炼身体的作用，同时也培养了团结互助的集体精神，还能锻炼“母鸡”的责任心。

行酒令

饮酒行令是我国特有的一种助兴的娱乐形式，已有三千余年的漫长历史。酒令产生于西周初期，周灭殷后，以殷人酗酒灭国为鉴，发布了禁止酗酒的政令，宴会上有专司监督和管理赴宴者饮酒节制的“觞政”的官员，这种觞政，亦称酒令。随着历史发展，朝代更迭，酒令逐渐流传到民间，并经过演化，成为饮酒助兴的猜拳行令，一直流传至今。

山西的猜拳行酒令不仅历史悠久，且广为流传。每逢婚丧嫁娶、寿辰贺宴、佳节喜庆之日、亲朋团聚离别之时，常猜拳行令，开怀畅饮，以此祝酒兴，活跃气氛。酒令内容丰富，形式多样，有猜拳、戴帽拳、“过七”、“虎棒鸡虫”、开火车、猜骰子等。

猜拳多以两人为一组，互为对抗，同时喊酒令、同时出拳，喊中双拳相加之数者获胜，对方罚酒喝。若喊出数而没有出拳，或已伸出拳而没有喊出数，也要罚喝。

酒拳之数，用手指来表示从一到五。伸出拇指为一，拇

指与中指为二，拇指、中指、无名指为三，拇指、中指、无名指、小指为四，手掌全部张开则为五，握拳伸出为零。除表示五数之外，食指不能伸出，如误出则是不礼貌之举。

猜拳酒令，用口喊酒令分别为一心敬你、哥俩好、三星高照、四喜来财、五魁首、六六顺、七巧巧、八仙过海、快喝酒（九）、全到了。

“过七”酒令，以酒席所有人为参加者，以顺时针方向轮流读数，忌说七和七的倍数。每人接喊一数，一、二、三、四、五、六，第七人该喊七时，不能喊七，亦不能无动于衷，

太原酒令

可说“过”或拍一下桌子。第八位便须喊出“八”，转至第十四人时，因十四为七的倍数，此人亦不能喊十四，只能说“过”。如此类推……谁喊错谁即负，须罚酒。

“虎棒鸡虫”酒令由二人对博，击筷时同时喊出“鸡、虫、棒、虎”中的一个字决定胜负。这四个字一物克一物，鸡吃虫、虫蛀棒、棒打虎、虎吃鸡。如喊出同一字，则为和拳；如喊出不相克的字，也为和拳。如此往返，一物克一物，被克者为负，罚酒。

猜骰子酒令是现在人们利用骰子六面不同点数的数量来定胜负的酒令类游戏，与以前的酒令相比缺少了文化内涵。

以前的猜拳行酒令蕴藏着深厚的传统文化，不是简单的数字游戏和不雅的助酒游戏，而是带有正能量。猜拳的很多酒令出自典故，有吉祥、祝福的意思。如“五魁首”，是说古人为改变命运，苦读《诗》《书》《礼》《易》《春秋》等典籍，希望求得功名，夺得魁首；“六六顺”出自《左传》，指君义、臣行、父慈、子孝、兄爱、弟敬，被称为“六顺”。

民间竞技

民间竞技是指民间举行的各种形式的赛力、赛技巧和赛技艺活动，是一种自娱自乐的群众体育活动。“竞”是比赛追逐的意思，“技”是指技能、技艺或技巧。古代的竞技活动经常与生产活动、军事战斗融为一体，现代竞技活动是民间成人间的一种竞赛活动。许多竞技活动是从民间游戏中发展而来的，并逐渐发展成为体育活动项目。

民间竞技活动在我国有悠久的历史，最早的竞技与狩猎、征战、信仰祭祀活动有着紧密的联系。早在旧石器时期，人类已经有了不自觉的竞技活动，从山西省阳高县许家窑出土的大量狩猎时用的投掷物石球考证得出，这是迄今为止最早的投掷活动，后来逐渐发展为民间的竞技活动“击壤”。进入阶级社会以后，民间竞技活动更加丰富，拳斗竞技、举重竞技、赛马竞技、游泳竞技、射击竞技、蹴鞠竞技等逐一发展。这些竞技活动经过多年的传承演变和发展，形成了丰富多样的体育竞技活动，且都有各自悠久的民俗传承关系。

民间竞技主要包括三大类，分别是赛力竞技、赛技巧竞技、赛技艺竞技。赛力竞技以力为主要竞赛内容，是民间竞技的常见项目，如举重、摔跤、拔河等。赛技巧竞技是以技巧为主要竞赛内容的民俗项目，如踢球、踢键子、荡秋千等，比赛力竞技更加多姿多彩，技巧也包括许多方面。赛技艺竞技是以技艺为主要竞赛内容的游艺活动，以各种民间棋类为代表。

民间竞技活动大多带有技巧和体力的竞赛性质，不仅可以强身健体，增进友谊，而且不受场地限制，有的在街头巷尾进行，有的在田间地头进行，简便易行，广为流传，给人们生活带来了无尽的愉悦。

由于自然条件、人文历史条件的差异，山西不同区域的竞技活动各有不同。晋北区域是农耕与游牧民族融合区，竞技活动表现为尚武，是在生存、战争需要的基础上产生的，主要有摔跤、鞭杆、骑射等；晋中区域是农耕与晋商融合区，受晋商文化环境影响，武术活动发展突出，拳种逾百个，且自成体系，主要有形意拳、傅山拳、弓力拳、战功拳、通背拳等；晋南区域是传统农耕区，农耕文明发达，竞技活动以农业活动为基础的岁时节令性赛事为主，主要有跑鼓车、尧造围棋、河东风筝、动物棋等。虽然不同区域竞技活动各有特色，但区域分异不是绝对的，每个区域都有相似的竞技活动，如鞭杆，在山西分布广泛，从南到北都有分布。

山西的民间竞技是在特定的历史地理人文环境中产生的，在流传中不断与时俱进、融合发展，现已成为人们日常健身、娱乐的民俗体育活动。

挠羊赛

挠羊赛为忻州、原平、定襄一带极具地域特色的民间竞技体育活动，它以摔跤为竞技形式，以羊为赌注，获胜者可将羊挠走，故名“挠羊赛”。“挠”在这一带意为“扛”，“挠羊”就是扛羊，把羊拉走了。“挠羊赛”，就是赢或者输羊的比赛。

用羊作为摔跤比赛的奖品，是汉族民间沿传下来的习俗。据《旧五代史》记载，忻州远在唐朝就已有群众性的“角抵”活动。金人元好问在《续夷坚志》中称挠羊赛为“角抵”。据

挠羊赛

挠羊赛

史料记载，在元末明初，忻定盆地对角抵有“跌跤、跌对、摔跤、挠羊”等不同叫法。在明朝初期，传统的角抵加入“酬神演戏”活动中。考古学家、文博研究员李有成先生考证，挠羊赛起源于明洪武二年（1369 年）大移民后，是由忻州传统的角抵演变而来。忻州摔跤尚武的习俗还与本地的地理环境有关。历史上，山西省忻州、原平、定襄一带处于边关与太原之间，是中原农耕民族抵御北方游牧民族入侵的重要门户，长期不间断的边关战争生活孕育出了摔跤这种民间习武健身的活动。用羊作为挠羊赛的最高奖品，主要是忻州境内水草丰盛，牛羊成群，当地人多以放牧为生，羊既是重要的生产资料，又是主要的生活资料，所以摔跤活动以羊作为摔跤输赢的赌注，摔跤比赛称为“挠羊赛”，获胜者称为“挠羊汉”。

每逢古庙会、唱大戏时举办挠羊赛，通常是群众的自发活动。除了在庙会时进行挠羊赛外，在农闲时也组织专场的挠羊赛。当地有农谚：“立了秋，挂锄钩，吃瓜、看戏、摔跤、放牲口。”现在，每年的农历七月十五，是原平庙会，也是忻州、定襄、原平三县的对抗摔跤比赛。忻州挠羊赛的跤手赤背上阵，下身穿长穿短各随其便。在摔跤实战中，由于上身赤背，相互无处可抓，只能将抓的地方集中在下身，可是不能抓裤子，谁抓了对方的裤子，就算谁输，但可以抓腰带。参加比赛的跤手，不分年龄，不分体重级别，不穿跤衣，自愿出场，赤背较量，一跤见胜负，因此民间也叫“赤背跤”。连续摔倒三位对手，赛后就会给予相应的鼓励。连续摔倒五位对手，人们便视获胜者为“好汉”，赛后给予相当的鼓励。连续摔倒六个对手，人们便称他为“挠羊汉”，奖给祭祀神灵的活羊一只，获奖者披红挂绿，将羊高高举起，绕场一周，向“神灵”表示敬意，向观众致以谢意。一场比赛以一个跤手连续摔倒六人为止，民间主要有两种解释：一种是阴阳说，六为阴，连胜六人，为的是突出男子汉的阳刚之气；另一种是天地加东南西北四方，合称为“六极”，亦称为“六合”，连胜六人，意喻打遍天下无敌手。

1960 年在全国文教群英大会上，忻州（当时称忻定县）

被誉为我国的“摔跤之乡”。忻州培养了许多跤坛健儿，在奥运会、世锦赛、亚洲赛、残奥会等体育赛事上获得各跤种金牌，为中国摔跤比赛做出了杰出贡献。2008 年 6 月 7 日，挠羊赛经国务院批准列入第二批国家级非物质文化遗产名录。

鞭杆

鞭杆，又称“鞭杆子”“鞭杆拳”“哨棒”“白棒”等，广泛流传于山西民间，深受人民群众喜爱。鞭杆，一般用坚韧、结实的木棍制成，常选用质地坚硬而稍重的白蜡杆、牛筋棍等为原料，长约 1.2 米，大约是人的一肘加一臂长，直径约为 2

鞭杆

厘米，分鞭把（把端）、鞭身、鞭梢（梢端）三部分。有粗细之分，较粗一端叫鞭把（把端），其截面直径约为2.5厘米；较细一端叫鞭梢（梢端），其截面直径约为2厘米。

鞭杆创于何朝何代，何人所授，现已无从考证。根据资料显示，有关鞭杆的起源有以下说法：一是起源于山西北部忻州市所辖范围内的代县、繁峙、五台县一带。在张希贵先生编写的《山西鞭杆技法精选》中讲道：晋北地区人文历史、地理环境、生活习俗为鞭杆的产生、发展提供了独有的条件。当地人为了生存，走西口以换取生活物资，经常遭盗匪抢劫，为提高防身自卫能力，随身携带鞭杆防护，后经过几代人摸索改进，鞭杆成为一种武术技艺。二是民间流传的说法。山西山高沟又深，路窄，交通很不方便，人们全靠小毛驴和骡马当运输工具。在路上经常遇到野兽和强盗，赶牲口的人们就用手中的鞭子作为武器防身自卫。因为道路难行走，不是上山就是下坡，所以人们出外都是拿木棍当拐杖，既能防身又能当扁担挑包袱。后经几代武术家们把各种防身技术规范整理，编成现今的鞭杆套路。因此，从其源头来讲，鞭杆是源自生存的需要，后演变成防身、防卫之用，再到如今人们将它发展成不同风格的套路。现在，鞭杆在甘肃、山西、宁夏、陕西等省分布较广。以山西鞭杆最为出名，发展最为迅速，且体系较为完善。

在众多的武术拳械中，鞭杆独具特点，是无刃短器械，运用起来灵活轻便、变化多端。技术上综合了长短器械的各种使用技巧，可以发挥短器械的特点，攻防兼备、技击性极强。山西鞭杆的技术体系包括步法、腿法、鞭法、练功方法、套路的特点与攻防原理。由于鞭杆短小、无刃和轻便，动作简单实用，易学易练，所以鞭杆握法多样。在流传和演变过程中，融合了各种不同的拳法，呈现出了多种不同的风格，分布在山西的不同地区，晋北繁峙有八仙鞭、三十六鞭、三十二手螳螂鞭和梅花双十字鞭，灵丘有三才鞭，代县有十二手鞭，应县有十五手鞭，怀仁有二十四鞭，定襄有尺八鞭、三十六鞭，太原有驮螺鞭、十三鞭、舞花鞭，榆次市有盘龙鞭，平遥有八合鞭，灵石有字母顺手鞭，洪洞有顺手鞭，运城市有纽丝鞭，沁源有齐眉鞭、九连环鞭，等等。

鞭杆作为山西传统体育项目之一，在广泛流传中不断创新发展，现已成为人们日常健身、防身的体育项目，并以老年练习者居多。2013 年 12 月，晋北鞭杆被列为山西省第四批省级非物质文化遗产代表性项目名录。

拔花花

拔花花，又称“相亲会”，流传于太原市北部的尖草坪区和阳曲县，是一项集竞技性、锻炼性、娱乐性、趣味性于一体的综合性体育娱乐项目。它起源于明清时代，距今已有上百年的历史。

每年农历正月十五至二月二之间，民众自发举办，在各村庄十字街口要搭制一个用于拔花花表演的花花架。花花架是由两根长 7 至 8 米的木椽，相隔 3 至 4 米固定在地面，在高约 5 米的位置横着固定一根直径约 30 厘米的大梁，距其上 1.5 至 1.8 米再固定一根木椽，上面插上五颜六色的绢花。在第一根横梁中间固定着一个滑轮，轮下穿挂一条或两三条绳子，绳子是活动的。也有的花花架设为两层，即在第三个横梁上再横一

拔花花

根梁，这样就会增加比赛的难度。

游戏时，参加者要抓住滑轮下吊着的活动绳子，以过人的臂力攀爬到第一根横梁上，抓住滑轮，想方设法把身体翻上近 1 尺粗的大梁上，勇敢地站起来，即可抓住第二根横梁，选最喜欢的一枝绢花拔取，就算取得一半成功。然后慢慢坐下来，再翻下横梁，回到地面，便完成了所有动作，所拔取的绢花即是对游戏者的奖励。整个游戏过程在爬绳子和翻大梁的动作中，充分显示了个人的才能，所采用的方式方法不尽相同，既要动作灵活，还要姿势优美。如再上二层花架，那就更能展示青年人敏捷的身手和翻腾技巧，以及过人的胆量。整个动作既要迅速灵活，又要姿势优美。这项活动还为青年人提供了一个展示自己才智，向女孩子炫耀自己英姿形象，借以相互交流情感的绝好机会，青年拔取最漂亮的绢花，从架子上抛给自己相中的姑娘，成为青年男女相互表达爱慕之情的美好契机。

拔花花竞技比赛，既能增强人民的身体素质，又能培养大脑的思维能力，对丰富人民文化生活、陶冶青年情操、娱悦百姓情趣有着重要作用。2009 年 4 月，拔花花被列为山西省第二批省级非物质文化遗产名录。

跑马排

跑马排是流传在距阳泉平定娘子关五公里的下董寨村的一种奇特民俗。传说该民俗起源于唐朝，最初是当时驻扎在娘子关的唐军信史传递信息的一种方式，后来逐步演变成一种民俗娱乐活动，流传至今，现已成为吉祥祈福祀神仪式，意在消除新的一年中的病魔灾难。

每年正月十六这天，下董寨村村民身穿古装，牵着自家饲养的用来农耕的马、驴、骡子聚集到青石古街。跑马前，先往路面上撒上炉灰以防滑，然后骑手们跨马巡街，祭祀祈福。跑马开始，骑马的人在一条长 100 米、宽 4 米左右的古巷中循环奔跑，马上不装马鞍，双腿紧夹马身，双手平举，飞奔而过。参加跑马的马匹、骡驴，少则十几匹，多则三四十匹，骏马飞奔，尘埃飞扬，场面壮观，展现着下董寨村村民豪放、勇敢的性格。跑马进入高潮，会出现一身着古装、背负 18 只铃铛和邮袋的男子，奔马呼啸飞驰，串铃作响，观众喝彩呼叫，场面欢声雷动，震撼人心。古装人前身后背分别有“急报”和“加急捷报”的字样，以重现古时士兵向后方传递信息的场景。跑马者从上午 9 点到下午 2 点不间歇地奔跑，其间还穿插着农民自编自娱的社火、秧歌。

下董寨村跑马排

下董寨村跑马排

“跑马排”习俗是民众祈祷国泰民安、万事如意、五谷丰登、吉祥平安的一种精神象征，强调了人性中勇敢、坚强、竞争的品格，具有重要的研究价值。2013 年 12 月，跑马排被列入山西省第四批省级非物质文化遗产扩展项目名录；2021 年 5 月，被列为第五批国家级非物质文化遗产扩展项目名录。

傅山拳法

傅山拳法原叫“朝阳拳”，是一项中华民族武术史中特有而宝贵的传统文化遗产。此拳是傅山先生于明末清初时期，在山西太原晋祠的朝阳洞读书时编创的，至今已在民间流传了三百余年。傅山先生精览佛道养生健体之书，又嗜学岐黄医典，以道家之吐纳导引，医家之经络走向，结合易筋经、八段锦、紫微八卦舞的动作编成傅氏朝阳拳。

20 世纪 80 年代中期，在武术资料挖掘整理中，山西省灵石县蔡承烈献出了一册光绪六年（1880 年）的《傅拳图》手抄本。其内容主要有六十多个套路动作名称和图像，还有六路傅拳名称的记载，经北京傅山拳师李思元、程怀玉认证，确系傅山先生所创“傅山拳法”，即“子午太极拳”，又称“绵山太极拳”。在此基础上又经多位专家研究、考证，于 1987 年 12 月出版了《傅山拳法》一书，从而使这一多年埋没于民间、濒临

傅山拳法

失传的古拳法重见光明。

目前，傅山拳法流传有傅山太极拳 81 式，太极剑 51 式。它的动作、结构、功法具有明显的中国古典哲理。整个套路结构严谨，运作起承转折，自然顺畅，轻灵柔活，沉着稳健，架势有高有低，动作有快有慢，高低呼应，快慢相间，动中有静，静中有动，刚柔相济，先文后武（即先慢后快），动则刚，静则柔，欲刚先柔，用柔先刚，以达柔化解柔克刚、以刚抑柔、攻防自如的效果。该拳法最显著的特点是以意领气，以气运身，行吐纳导引，运气走脉，不强不憋，自然通行，不偏不倚，求柔得中，意守丹田。此拳法十分重视精、气、神的修炼，把吐纳导引、运气养精、运动提神的武术动作进行了合理的编排，通过以意导气，以气导功，以功提神，以神养精来调

傅山拳法

节精、气、神，本固枝荣，延年益寿。

傅山拳法是目前发现的最早的太极拳，比陈家沟太极拳的诞生最少要早 50 年，具有重要的研究价值。现在，在太原、介休、灵石等地人们仍在练习此拳，有强身健体、防身自卫等作用，还有优美的艺术观赏性，适合中、老、青少年习练，尤是体弱多病、年老者最宜。2009 年 4 月，傅山拳法被列为山西省第二批省级非物质文化遗产名录。作为傅山拳法非遗代表性传承人，张希贵肩负起傅山拳法的推广重任，他完善傅山拳法，修订再版了《傅山拳法》一书，并在太原成立了傅山拳剑培训班，传授傅山太极拳、傅山太极剑。

心意拳

心意拳，自古就与太极拳和八卦拳并称为“中国上三门拳法”，山西自古以来就是心意拳的传承基地，也是心意拳名家高手、人才荟萃的地方。

心意拳起源于我国战国时期，它是以中国传统文化为理论基础，以徒手和器械、内功与对练的攻防动作为主要内容，兼有功法、套路、格斗三种运动形式，是我国武术运动的十大门派之一。在历史发展的长河中，由于年代、师传等情况的不同，心意拳又演化出六合心意拳、心意六合拳、形意拳等不同名称。虽然名称不一，风格不同，但拳理拳法是一致的，共同据守着一个拳谱:《守洞尘技》(又称《六合心意古拳谱》)。

山西心意拳在传承过程中，因受时间、地域、文化、信仰、宗教、习俗等客观和主观因素的影响，逐渐形成了以晋中榆次心意拳、祁县戴氏心意拳和太谷形意拳为代表的三大流派。

因心意拳融技击性、观赏性于一体，不仅可以强身健体、陶冶情操，且可惩恶扬善、维护地方治安，具有极高的文化价值和社会价值。2008 年 6 月，山西心意拳经国务院批准列入第二批国家级非物质文化遗产名录。

晋中心意拳

心意拳是古人以“心意”和“拳”相结合，为人类防身健体、延年益寿而创建的。“心”是动物体内器官的主宰。心者，生命之本，神之变也。“意”，意愿与意念。“拳”，拳脚，拳力也。心、意、拳三者合一，即心与意合、意与气合、气与力合，这三者形成的合力叫“内三合”。这个合力再和肩与胯合、肘与膝合、手与足合的“外三合”合二为一，形成了“心意拳”的基本“劲节”，谓之“心意六合”。心意拳“内练一口气，外练筋骨皮，手眼身法步，内外合一体”指的就是这个意思。

心意拳主要流行于山西晋中及其周边地区，是晋中历史上的武术前辈们在继承姬氏原创心意拳的基础上，结合保镖护商等武术实践，遵“天人合一”之理，循“一气、两仪、三才、四象、五行、六合、七进、八卦、九宫、十方”之规，摄自然生灵之长，合“天干地支”之数，长期实践，共同研创而成的。

心意拳传承的内容包括拳学理论、散手套路、器械套路和处世哲学等。其主要特点是既有零招散式，又有盘练表演套路，同时兼具内功心法。主要拳法有外五形、十大形、四把捶、单把、双把等，另外还有锏、锤、刀、枪等器械套路。模仿鸡、龙、虎、蛇、燕、鹞、马、熊、鹰、猴的形态，将其融于拳法中，心意拳举手投足要求意念集中，劲力裹含，蓄力而发，束

心意拳

身而起，长身而落，手随意发，力随声落，起势快如风，发力刚、猛、狠、毒、快，展现出似火烧身的灵劲和爆发力。

心意拳的技击性很强，它能用头、肩、肘、手、胯、膝、足等部位击打敌方，非常实用，并因此受到国内外武术家的重视和广大武术爱好者的喜爱。从养生作用来看，心意拳运动适量，可以左右互练，有导引内气、舒筋活络、势式平衡、刚柔相济的健身功效，是搏击、健身、防身、养生、修心于一体的优秀拳种。但心意六合拳在传承上向来封闭保守，择徒较严，师门内部也较少交流。随着许多老拳师的辞世，拳艺失传，亟待保护。

祁县戴氏心意拳

山西戴氏心意拳发源于山西省晋中市祁县，由于受戴氏家族“只传戴姓，不传外家”的“家训”的影响和制约，保持了古朴的拳术风貌。

戴氏心意拳创始人名戴隆邦，系山西祁县小韩村人氏，生于清康熙五十九年（1720 年），卒于嘉庆十四年（1809 年），享年 89 岁。他自幼嗜武，聪颖过人，勤奋好学，一丝不苟，在武术世家的熏陶下，学文习武，全面继承其祖师爷戴伯苗所传的意拳，得意拳之奥妙，后承姬氏所创心意六合拳，并得曹继武先生传授古心意拳，傅山先生传授内功心法（小周天功），结合各种武术（螳螂，八卦等）创戴氏心意拳。武术界将他尊为戴氏心意拳的开山鼻祖。

戴氏心意拳是“脱枪为拳”，意为从枪法中领悟出来的拳术。主张后发先至，抢占中门。拳谱说“视人如蒿草，打人如走路”“练拳时无人似有人，交手时有人似无人”。在交手时，则要求“遇敌犹如火烧身，硬打硬进无遮拦”“拳打三节不见形，如见形影不为能”“起如风，落如箭，打倒还嫌慢”。传系主要以劈、崩、钻、炮、横五行拳，龙、虎、猴、马、蛇、鸡、燕、鹞、鹰、熊十形拳，乌牛摆头、狸猫上树、饿狗扑食、野马践槽、灵蛇拔草、金鱼抖鳞、鹞子穿林七小形，裹、践、钻三拳，崩、背、炮三棍，养、坐、开、闸、砸、竖、射七步丹田功，一至五趟螳螂闸势捶，挑顶、云领、展截、裹胯四把，蹲猴势桩、浑元桩、三才桩、两仪桩、童子功等功、技、法、式为其拳法的传承载体。

太谷形意拳

太谷形意拳为道光年间河北深州人李洛能在心意拳的基础上改革创立而成，主要流行于太谷及其周边地区。李洛能将戴氏心意拳传入太谷，又与弟子车毅斋创编了第一个形意拳对练套路，初名“五行生克拳”，后改称“五行炮”。后来车毅斋继续完善形意拳术，创编“挨身炮”等 9 个对练套路。经过李洛能与弟子车毅斋等潜心研究“心意”与“形意”的内涵，认为“形意”兼具“外形”与“心意”双重含义，即内与外的结合、思与行的统一，于是提出将他们传习之拳改称为“形意拳”。

形意拳以五行学说为理论基础，以五行之理说明拳理、技理、攻防之理和健身之理。基本拳法为三体式桩功、五行拳和十二形拳。三体式为形意拳独有的基本功和内功训练方式，有“万法源于三体式”之称。五行拳结合了金、木、水、火、土五行思想，分别为劈拳（金）、钻拳（水）、崩拳（木）、炮拳（火）和横拳（土）。十二形拳是仿效十二种动物的动作特征而创编的实战技法，分别为龙形、虎形、熊形、蛇形、骀形、猴

形意拳

形、马形、鸡形、燕形、鼍形、鹞形、鹰形。

此拳经过几代人的不断努力，吸收少林拳、太极拳、八卦掌等拳种的长处，结合实践、总结经验，内容、功法、技法日趋成熟，理论、套路、技击逐渐向完整的体系发展。其中山西车永宏、宋世荣、宋世德、李广亨，河北郭云深、刘奇兰、刘晓兰、贺运恒等，都是名噪一时的武术大家。他们为形意拳的完善、传承和发展做出了不可磨灭的贡献。

文水长拳

文水长拳，又名“左家拳”或“左家长拳”，是中华武术

文水长拳

优秀拳种之一，在北方武术中较有影响。

左家拳是清代镖师山西文水人左昌德创立的一个拳种，迄今为止已有近二百年的历史。左家拳初始于家传，精技于师授，丰富于交友，践行于保镖，创新于思考。左昌德（江湖人称“左二把”）跟师学艺，靠行镖谋生，在近半世纪的保镖生涯中，左昌德及子弟们足迹踏遍“南七、北六”13省，从未失手而誉满神州，留下“左家弹腿天下走”的传说。此拳是左昌德等几代人在不断实践中，汲取各派武术精华，结合实战而形成的拳术，从内功理到外功法，从健身到技击，不断发展和完善，逐渐形成了体系完整、结构严谨的拳种。

文水长拳以腿见长，主要腿法有踢、蹬、踩、踺、踹、摆、钩、扑、踩、挂等十种。谱曰：“手是两扇门，全凭腿打人。”左家拳内容丰富，分为拳术和器械两大部分，拳术包括弹腿、面掌、大小流式、大小叉拳、桃花掌等；器械有双钩、陆合枪、提柳刀、对劈刀、五虎断门枪、燕翅镗、状元笔等。还有左家秘制刀枪伤药、正骨推拿术等。其中，面掌、弹腿、虎头双钩堪称“左家三绝”。

左家拳是中华武术之库中不可多得的瑰宝，在健身养生、历史研究、文学创作、艺术欣赏等诸多方面有着重要的价值，在山西、陕西、北京、江苏等地广为流传。2006 年，为了保护这项非物质文化遗产，文水成立了“文水县左家拳总会”。2009 年 4 月，文水长拳被列为山西省第二批省级非物质文化遗产名录。

洪洞通背缠拳

通背缠拳，又称“无极通背缠拳”，是中华武林宝库中宝贵的文化遗产之一，流传于山西晋南一带，以洪洞通背拳为代表。此拳起源于早期民间优秀拳法，成形于唐末宋初，其中母拳包括了明朝著名将领戚继光《纪效新书》中的大多数拳法，并与陈式太极拳有异名同骨的血缘关系。自清乾隆年间先辈郭永福大师传艺洪洞以来，已盛行二百多年，传播十余县，其习练者众多，名师辈出。

通背缠拳有其鲜明独特的拳理、拳法和技术要求。“通背”

通背缠拳

者即周身通达、力从背发之意。“背”为周身活动中心。“缠拳”者含意有三：其一，为缠绕之意，为化敌力之法；其二，即手法，变化无穷，攻防不止，破法不断，如同缠住对方一般；其三，此拳的最高武功秘笈招法为二十七路“缠手”，故此拳名曰“通背缠拳”。洪洞通背缠拳有完整的技术体系、文化内涵。套路分为“母拳”“子拳”“兵器”“对练”四大部分，套路众多、风格独特、内容丰富。“母拳”以108个动作组成，分为九个母式套路，其中内含顺缠、逆缠、顺绕、逆绕，得手而缠，随手而绕，以缠绕求进求化，以小力胜大力询四两破千斤之法，还包括行拳二十四势、行拳二十八势、散打七十二着、短打一百零八着。“子拳”秘诀套路有三十二路套手，二十七路缠手，包括行拳、单手、短打、散打等。“兵器”有长、短、

杂、软四种。“对练”包括徒手对练、兵器对练、白手、夺兵器、多人对练。

通背缠拳在健康养生、传承中华武学文化等诸多方面具有重要的价值。2009 年 4 月，洪洞通背缠拳被列入山西省第二批省级非物质文化遗产名录；2011 年 5 月，又收录于第三批国家级非物质文化遗产名录。

太行意拳

太行意拳，原称为“古传太极”，是流行于太行山区的一个古老拳种，以“五音六律”的音律太极学说为理论，融医学、

太行意拳

易学和武学为一体，是阴阳学说与传统武学完美结合的一种文化结晶。

太行意拳纯属家族传承的一门武学，在长治市郊区泽头村师氏家族沿传，至今已有一千多年的历史。经过长期的流传、演变和发展，直到清朝中期进入成熟时期，解放后，特别是改革开放以后，迅速传播和发展，并经过了发掘、整理和研究，取得了丰硕成果。

太行意拳，“太”是代表“太空”，“行”指由始到终的悟道求功的过程，“意”是指这种功法始终是以意念为基本动力来统领整个练功过程，“拳”是指这种功法有技击的作用，其名称有两层含义，一是表明此拳产生和发展于太行山区，二是此拳的真正本质在于人通过意念对形体劲力的合理要求，达到人体同宇宙的融合。它的基本内容是以中华易学理论为根，以强身健体、普惠世人为德，以自卫御外为律，以举一反三、活学活用为法，以调理阴阳平衡为本，以系统功能、调节补能为技。运动特点是：身无定形，意无定点，脚无定踪，手无定位，眼无定向，曲直自然，手无拳掌之分，无固定的动作和套路形式，功法顺乎人体的自然要求，舒适自如。练功过程是将五行、八卦、九宫与人体部位相对应，并运用于养练的全过程，无论是桩（装）功，定步养练和活步养练，技击格斗与调节调理人体疾患，均要将天地人之阴阳五行、八卦、九宫调理调整摆在第一位。

太行意拳起源于山西长治市郊区，传播于山西、北京、河南、河北、广东、上海、深圳、福建、山东、江西、安徽、海南、湖南、湖北、香港、澳门、台湾等地以及美国、加拿大、日本、韩国、澳大利亚等国家地区。它区别于其他任何家派，不讲气沉丹田、意守丹田、沉肩坠肘、含胸拔背等，而是随心所欲、任其自然，通过正确的意念调配，达到舒适境界。它具有养生、技击、治病等功效，有其独特的特点，促进人体自身、人与家庭、人与社会、人与自然和谐相处，是中华大地养生、武学的一枝独秀。2017 年 10 月，太行意拳被列为山西省第五批省级非物质文化遗产代表性项目名录。

耍叉

耍叉，又名“舞叉”“飞叉”等，是一种古老的汉族民间杂技。叉上有铁环，耍起来哗啦啦地响，光闪上下飞动。山西的民间耍叉内容相似，形式各异，主要分布于晋中、晋南部分县市，包括晋阳三三叉、寿阳耍叉、翼城火叉。2011 年 6 月，耍叉被列入山西省第三批省级非物质文化遗产名录。

晋阳三三叉

晋阳三三叉，又称“晋阳平安叉”，是一种民间杂技表演

晋阳三三叉

形式，其传承地在晋源区东城角村、西寨村、东庄营村一带，至今已有五百年以上的历史。它起源于盛唐后期，是古城官兵在闲暇时将兵器改造后进行表演的一种杂耍游戏，后来逐渐变成逢年过节时的社火表演，带有祈雨、求福、平安的意蕴。

晋阳三三叉的来历，有一段美丽的传说。东城角村位于古晋阳城东边，是屯兵驻军之地。有一年，胡人来犯，驻守的两位将军一举打败胡人。为庆祝胜利，将士们把兵器钢叉抛向空中，或用胳膊或用肩膀舞动，这就是“晋阳三三叉”的雏形。此后，习练飞叉之风盛行于晋阳一带，经民间艺人改进，逐渐演变成民间社火表演节目。

根据道具的大小，晋阳三三叉分为大、小飞叉。大飞叉是一米多长的木棍，顶端套着带有三个分叉的铁器，棍子上还带

着三个镲、两个环，以求在表演中能发出响动；小飞叉，与大飞叉的样式相同，只是长度略短，而且棍和叉是一个整体，全部为铁质。随着飞叉向民间社火表演节目的发展，大钢叉的外形发生了变化，叉杆由铁质变为木制，重量减轻，便于表演。小飞叉也一改飞镖原形的短小，增至一尺八寸长，叉尾加装铁片等装饰物，以增强观赏性。表演者将道具通过胳膊、肩膀进行舞动，不需要配乐。表演形式独特，有站、蹲、躺，分为单人表演、双人表演、混合表演等。套路有蝎子翘尾、凤凰单展翅、凤凰双展翅等。

晋阳三三叉是优秀的古晋阳民间地方文化，挖掘、抢救和保护此项杂技艺术意义重大，有助于促进和带动民间地方文化，丰富群众文化生活，提高人民健康水平，构建和谐社会。

寿阳耍叉

寿阳耍叉是在武术活动中诞生的一种民间杂技表演形式，在寿阳全境及周边县市广泛流传。

寿阳耍叉相传起源于金元时期，到清代寿阳成立义和团时大为流行。清乾隆时编著的《雍正剑侠图》中记载：雍正年间有一名剑侠，名姜达，为山西寿阳姜家寨人氏。他“性情豪爽好抱不平，遍走大江南北，周贫济穷，行侠仗义。内功深厚，武艺卓绝”。之后，在清代道光年间，又有杂技武师在寿阳传习，有一批武术杂技人士涌现。寿阳耍叉还被慈禧太后请到皇宫进行专门表演。这一时期，有清代老艺人赵寅魁、贺志旺等；到民国年间，有刘巨库、刘昌富，均带有徒弟。到“文革”时中断，“文革”后，杨润生、赵何林、杨金贵、贺润生等人继续传承至今。

寿阳耍叉有两个功能：一是祈雨敬天，二是驱鬼辟邪。据福田寺元代碑记记载，寿阳耍叉每年要在六月初四到鹿儿神山赶会，是为干旱祈雨或得雨还愿；六月初六在本村黑水村赶会，到时要请巫师念动咒语，驱邪避鬼，消难免灾。

寿阳耍叉是一项古朴壮观的游艺杂耍，道具为大叉、小叉，大叉长四尺多，木制，一头为铁制“↑”形，一头有红鬃，带有铁环；小叉二尺长，手持两木棍，上下翻动。表演时，十至五十人参加，头罩白毛巾，身挂红兜肚，上身赤膊，下身穿黑裤，脚穿靸鞋，铁叉在手、臂、肩、背、脖、胯、腋、膝、腰、臀、腕、髁、头等全身部位，上下滚动，不停转动，铁环哗响，高超惊险。表演套路约有30多种，主要有插花盖顶、二郎担山、海底捞鱼、凤凰展翅、金钩钓鱼、金鸡劈马、单双膀花、金丝缠蔓、蛇心背剑、金鸡串瓣，还有歪大瓮、打把儿、掏麻雀、高飞叉等。

翼城火叉

火叉，是流行于山西省翼城县晓史村的一项传统的社火表演形式，融表演、杂耍为一体，技巧性强，惊奇壮观，独具特色。

相传，清朝末年，山东一曹姓人落户晓史村，靠给人打短工为生。此人精通武术，尤其会耍火叉，看到当时南唐一带“符册十社搬神庙会”所闹的故事很红火，就是没有耍火叉这项艺术，于是将此艺教给了晓史村几个青年，并参与了“符册十社搬神庙会”表演，一鸣惊人，备受群众欢迎，之后村里元宵节和各种庆典都有此项节目表演。

火叉表演要有一定基本功，场面十分壮观。道具是一根形似“山”字形的铁叉，上面带有三个铁环，安装在长约 1.2 米的木棍上。表演人数不限，十五至二十人最佳，可行进表演，也可圆场表演。在行进表演时队形是长蛇阵，打起场子是莲花阵。表演时，用火叉击打肩、肘、膝、脚、手等处，用双手双臂使火叉旋转，不能用手直接来接，融技艺性、观赏性和杂耍性于一体。技艺主要有盘旋、挽花、掷空、穿跨等。盘旋又分大盘、小盘，小盘是用双手双臂搓动火叉使其左右来回旋转，大盘是两臂敞开靠臂力使火叉来回盘旋，又称为“火龙盘旋”。挽花分单手挽花、双手挽花，单手挽花是一个手臂拨弄火叉成

寿阳耍叉

翼城火叉

轮状上下转动，双手挽花是用双手双臂让火叉上下轮转。掷空是耍火叉的亮点，是在盘旋之后，将火叉用臂功旋转掷空，高达两丈上下，如彩练横空，好把式能连掷数次，且都是臂掷臂接，人们称之为“火龙腾空”。穿跨是在挽花时将火叉从胯下穿越，好把式才能做到，人们称之为“火龙越涧”。配器惯用打击乐，主要有鼓、锣、钹。一般打花鼓点，如在掷空时为紧锣密鼓打，以增强气氛。

耍火叉这一民间艺术，历经几代艺人传承，已形成一套完整的表演套路，现已成为民间艺术的一朵奇葩。2011 年 6 月，晓史村耍火叉被列为山西省第三批省级非物质文化遗产名录。

汾西手歌

手歌表演是一种融手歌、口技、杂技为一体的民间杂技艺术，用手掌的节拍和口呼出的气流表演歌曲，属于原生态的绝技绝活，精彩绝伦，适用于各种场合。

手歌的创作者为汾西县勍香镇人要瑞昌，受祖父影响，他自幼年时期就开始学习，后师从河北省沧州市刘同赏师父和郭世武老先生，经过 30 多年的探索、创新，逐步创造出融口技、杂耍为一体的的民间绝技。手歌的基本技术要点是两手围在嘴边，与嘴里流出的气流相击相呵，发出的音频可以模仿犬叫、鸟鸣、开火车、手打快板等声效，还可以用手歌奏几十首优美动听的歌曲、京剧，甚至可以用手歌为外国电影配音。要瑞昌手歌的主要表演曲目有弘扬主旋律的《社会主义好》《我是一个兵》《红旗飘飘》，有童真童趣的《我爱北京天安门》，有寄托亲情温情的《常回家看看》，还有舒缓深情的《泰坦尼克号》主题曲《我心永恒》。除了拿手好戏“用手唱歌”外，他还会手打快板、口技、魔术、杂技等多种表演艺术。除此之外，他还为多部电视剧用手歌表演形式配音，其表演艺术博得中外多名民间艺术专家的高度赞赏，被誉为“中华一绝”手歌大王。要瑞昌从 1978 年开始登台表演，到目前，其足迹已遍布全国大江南北和海外的日本、哈萨克斯坦、新加坡、马尼拉、马来西亚、菲律宾、印度尼西亚、泰国，荣获几十项奖牌和命名。

手歌表演艺术极大地发挥了口腔和双手的潜能，丰富了当地农民群众的文化生活，具有比较重要的社会、文化、经济价值。2011 年 6 月，汾西手歌被列为山西省第三批省级非物质文化遗产名录。

圪栏棒

在山西方言中，将木棍叫作“圪栏”，“圪栏棒”就是以木棒为主要道具的一种表演形式。此道具不是模仿和挪用传统

戏曲的打斗武器，而是从百姓生活中就地取材加工而成。圪栏棒，是融舞蹈和武术为一体的独特的民间文艺形式，是山西特色民俗传统项目，大约产生于明末清初，盛行于清代和民国年间，至今已有400多年的历史。

圪栏棒多在春节、元宵节等传统节日以及当地庙会、民间社火中出现。圪栏棒的表演十分接近武术的习练过程，表演武器都是真刀真枪，表演中的武打动作也都是实实在在的。表演者手持双节棒，此双节棒一头有2米长，另一头大约40厘米，中间用铁链连接，表演者双方表情凶狠，动作灵巧威猛，闪转腾挪，长守短攻，有来有往，凌厉刚强。表演的基本内容，大多

圪栏棒

圪栏棒

为戏曲武打故事、战争场面。其经典剧目为《三打祝家庄》，后在其演变过程中又加入《战幽州》《瓦岗寨》《薛仁贵征西》等戏曲故事。音乐伴奏以铿锵有力的鼓点及打击乐为主，曲调高昂、节奏鲜明，无规律性、固定性的伴奏曲调。表演过程中以编制各种各样的鼓曲和演员口号声加强表演的气氛，只是在入场和退场表演时，吸收了一些民间音乐和民间吹打乐。演员全部以男性为主，极富张力与雄性气概，演员表演时，不说不唱，只配以一定口号和鼓乐气氛增强表演效果，整个节目阳刚十足。在双方的打斗中，将战场上的你死我活表现得淋漓尽致，是冷兵器时代战场的一种再现。

圪栏棒起源及发展最盛之地当属山西沁水县，较为出名的有青龙圪栏棒、王寨圪栏棒、固镇圪栏棒等。

目前，关于圪栏棒的起源多有争论，不同表演项目的来源也各有争论。传说圪栏棒源于沁水县青龙村，这里交通闭塞，旧时多匪患，附近一带村民多习武防身护院。后来，匪患清除，人们安居乐业，当地人民依然坚持习武强身，传统的练武习俗也逐渐发生转变，从防身护院之用变为传统节日表演，不仅是为了强身健体、丰富娱乐生活，更是警醒后人、不忘历史。圪栏棒的表演项目《圪栏棒·三打祝家庄》相传是当年梁山好汉路经茶马古道古固镇所传，系沁水独有、全国仅有的一项传统武术项目。流传于沁水王寨河、杏峪河一带，由世代相传的固镇村老艺人登门传授，使固镇的圪栏棒在兄弟邻村青龙及苏庄等地流传。这种独特的民间舞蹈，除圪栏棒外，还有刀、枪、斧、铲等，表演时按“三打祝家庄”情节展现，暗器频现，对打多样，伴以威风锣鼓及胡琴慢板。六百多年来，固镇村上自老人下至少年，对打学武，娱乐健身，一直沿袭着这项优秀的传统民俗项目。

圪栏棒是沁河流域沁水县一带的一项独特的传统文化，整个发展过程彰显了当地群众的聪明才智与尚武之风，不仅仅是一个传统活动或者一场精彩表演，更多是以独特方式支撑、传递着当地民众的坚毅精神，而其自身的表演也发挥着积极的娱乐价值、健身价值。2007 年 1 月，圪栏棒被列入晋城市首批非物质文化遗产名录，2009 年被评为山西省非物质文化遗产项目推荐名录，2013 年被选送为沁水县春节文艺晚会节目。

乡宁动物棋

动物棋也叫“神仙棋”，是用石材或木材制作的各种动物模型做棋子，以手绘或石刻的方形或多角形图案为棋盘，是融中国象棋、围棋及其他棋种规则、技法和套路于一体的传统棋类游戏。

乡宁动物棋

据古本《动物棋全书》记载和诸多民间传说，动物棋产生于上古时期，是原始先民对动物最早认知的集中体现。动物棋内容丰富、形式多样，包括动物棋和神仙棋两种基本形式。动物棋根据动物的特性和捕食方式分为斗戏、占戏、抓戏、王戏和仙戏五大类，共十套三十六种棋戏，每一种棋戏集中代表一种动物。神仙棋有平面棋和立体棋两大类，立体棋有地面、半空、高空三层。立体棋在排兵布阵时，根据动物特性，按照空中、陆地逐层分布，这种棋法尚属国内唯一。动物棋由红方和黑方组成，各有十二枚棋子，分别摆放在棋盘的右半部，分

乡宁动物棋

三排摆放，前排为虫类，蝉、蝶、蜓、蜂；二排为兽类，猴、鹿、虎、象；三排为鸟类，雀、鸦、雕、仙，其中“仙”代表人类，相当于象棋的将，是整盘棋的灵魂，象征着人与大自然的和谐。它的攻击方式分为走攻和围攻，集象棋、跳棋、围棋的优势于一体，汇各类攻击方式于一炉，变化多端，奇妙无穷。

动物棋是乡宁民间传承下来的一种特殊的棋种，是劳动人民智慧的结晶，体现了古代科学和艺术的完美统一，具有较强的历史研究价值、文化价值和娱乐价值。2009 年 4 月，乡宁动物棋被列为山西省第二批省级非物质文化遗产目录。

尉村跑鼓车

跑鼓车是一种原生态的、豪放雄浑的鼓乐之美与顽强拼搏的体育精神完美结合的群众竞技活动。

尉村跑鼓车起源于春秋战国，距今已有 2700 多年历史，主要流传于晋南的襄汾县济城镇尉村、三公村、南北膏腴、南北贾岗等村，以尉村为代表。尉村位于襄汾县西部姑射山脚下，史称“鄂公堡”，据《晋史》记载，公元前 718 年，因曲沃庄伯公进攻晋都，晋鄂公逃至鄂邑（今乡宁县），为防追敌，晋鄂公在今尉村北门处筑城堡，故名鄂公堡。此后，鄂公堡的驻军脱离了军队建制，变为平民。但擂鼓进军的演练仍保持了

下来，并逐渐成为一种民俗活动。至唐代，尉迟恭被封为“鄂国公”，在此屯兵、屯田和演练军队，并采取兵农合一政策，鼓车民俗得到进一步发展，成为演练军队的一部分。至此，擂鼓跑车的民俗保持下来，逐渐演变成一种赛事，因有军事色彩，其鼓点、阵法秘不外传，所以成为全国绝无仅有的跑鼓车文化。

每年的农历三月十六是尉村延续流传多年的鼓车节，也是唯一的村民自发的无组织无统领的民间活动。鼓车是由军用战鼓演变而来，由鼓和车组成，重约 1.5 吨。车身类似古代战车，车轴取材槐木或榆树，车轮车辐木制镶铁，车长 4 米，车厢宽 1 米。鼓直径近 2 米，高近 1 米。鼓皮，正面用公牛皮，背面用母牛皮，象征阴阳和合。鼓帮，双层，内外撑合，结实耐用，中有空隙，别具音响。鼓边，圆形铆钉，金光明亮，钉数为 208 个，也取八卦中的泽地萃卦。鼓饰，区分严格，五鼓画图各异，分八卦图、二龙戏珠图、神兽角端图、秦琼打虎图、和合二仙图。尉村有五个大院，每个院各有各的根据地，各有各的鼓车，其鼓面图案各有寓意，后院八卦鼓、西北院二龙戏珠鼓和写着“西北院”三个字的鼓、东院角端（一种独角瑞兽）鼓、南院秦琼打虎鼓、庙巷和合二仙鼓。

跑鼓车的比赛活动大致有两种，一种是分区计时，一种是追逐超越。比赛前，需在各自的院里行祭礼仪式，各院准备各院的“战车”，各队为了鼓舞士气，还请出他们尊敬的人进行踩辕。比赛时，均由一人撑辕，两人包辕，少则百余人，多则二三百人拉捎绳，等距比赛。一辆老式的大车，上面装着一面大鼓，车辕需要三个人来驾，一边一根茶碗粗的长绳子，要二十多个小伙子分列两边，拖着鼓车猛跑，车上一人打鼓一人敲锣，以跑得快、跑得长者为胜。在鼓车飞驰中，每隔一百来米，就必须换人，以保持车速。

尉村跑鼓车是一种将鼓乐演奏同竞技完美结合起来的艺术，鼓与车，韵律与运动完美结合，体现了当地一种淳朴的民风，一种奋勇拼搏、积极向上的精神，是一种悠久的文化和一种艺术的积淀，具有鲜明的地方文化特色，是民俗活动中不可多见的活态传承标本，具有重要的民俗学价值。2011 年 5 月 23 日，尉村跑鼓车经国务院批准列入第三批国家级非物质文化遗产名录。

尉村跑鼓车

民间社火

社火，俗称“闹红火”，是春节期间民间的主要娱乐活动形式。社，为土地神；火，即火祖，是传说中的火神，能驱邪避难。在以农业文化著称的中国，土地是人类生存发展必不可少的物质基础，火是人们熟食和取暖之源，人们将二者视为神物，加以崇拜，用歌舞祭祀，意在祈求风调雨顺、五谷丰登。随着社会不断发展和人们认知能力的提高，社火内容越来越丰富，规模越来越大，成为一种自演自娱活动，蕴含着人们对幸福的憧憬。

社火是集民间音乐、舞蹈、曲艺、杂技、武术、戏曲、工艺美术等众多艺术门类为一体，是一种民间传统庆典狂欢活动。它具有悠久的历史和深厚的文化内涵，在 2006 年 5 月被列入第一批国家级非物质文化遗产名录。

山西是民间社火的代表地区之一，全省约有两百多种社火，内容丰富，形式多样，地域差异显著。按表演形式主要分为文社火和武社火两种；按表演内容主要有锣鼓类、车船轿类、秧歌类、灯火类、阁跷类、武技类、模拟鬼神类、模拟禽兽类等。武社火是以展示武术技艺为主的民间传统竞技表演形式，“艺中有技，技中有艺”，以晋北、晋中地区最具特色，主要有上阳花社火、宇文武社火、二鬼摔跤、风火流星、霸王鞭等。文社火主要以表演为主，人们扮演不同的角色，演绎各种故事，晋南地区的锣鼓类、阁跷类最为出名，如威风锣鼓、花鼓、天塔狮舞、走兽高跷、中黄高台等。除了晋北、晋中和晋南地区，晋东南和晋西的民间社火同样与众不同。晋东南，古称“上党地区”，这里的社火以原生态和神崇拜为特色，如潞城民间赛社、独辕四景车赛会。晋西，主要指吕梁地区，这里的社火具有浓郁的道教文化色彩，代表性的社火活动有盘子会、伞头秧歌等。

武术社火

武术社火是山西的传统民俗文化活动，是融武术、杂技、戏剧、舞蹈、民乐为一体的民俗节庆活动。这种社火不同于戏剧武打，也不同于竞技武术，是在借鉴武术套路和戏曲武打的基础上加入民间竞技表演，是集强身健体、艺术欣赏为一体的综合艺术形式。

武术社火的形成与山西北方地区特殊的历史地理环境密切相关。山西历来是兵家必争之地，特别是北方地区农耕与游牧民族融合区，地处要塞，饱经战乱，致使当地民风彪悍，尚武风盛。后来，当地民众把武术和作战情景融合于社火中，形成了现在的武术社火。它以豪迈的气势和敏捷的身手感染着观众，使人们对祖先英勇善战、不畏艰险、保家卫国、大义凛然的民族气节生发出崇拜和向往的情感。

代县上阳花社火

代县上阳花社火，是一种集戏剧、舞蹈、音乐、武术、杂技、队列于一体的节庆祭祀活动，主要流传在山西省忻州市代县、五台、原平、繁峙、定襄等地。上阳花村位于代县城东南五十公里的五台山脉，周围高低起伏、山丘环绕，系周朝诸侯国“代国”的一个军事基地。当地村民模仿军队布阵方式，将演武活动融合到社火表演中，逐渐成为当地独特的民俗文化活动。

代县上阳花社火

上阳花社火在每年春节、元宵节期间举行，属武术社火，是节日庆典中大型的民俗节庆、祭祀文化活动。以民间传说和戏剧故事为题材，通过一个或一组人物展现一个故事。表演者需画脸谱、披甲戴盔、背靠旗、手执刀枪。表演时，一般是探马在前，后面跟着社火会旗、火铳队（炮队）、旗队、社火队，最后是锣鼓队。队容整洁，整装、列队、祭旗、出征、行军、传丁、练兵、探马、布阵、对垒、决战、破阵等表演都有一系列行为规范，阵法完全符合古代军事思想，有太极拳基本步法、八卦传丁、珍珠倒卷帘阳遁、八卦阵法、六甲阵、演马探阵图等，其中的八卦阵、六甲阵等皆以奇门要术为准则，并能打出杀机四伏、石破天惊的效果。鼓乐为原始战鼓的风格，表演剧目主要有《五雷阵》《打登州》《白蛇传》《三岔口》《金沙滩》《天门阵》《西游记》等。

上阳花社火内容丰富，既有剧情，又有民间舞蹈、杂技绝活、战阵对打、武术套路等，具有很高的艺术价值。2010 年，代县成立了上阳花社火研究中心，开展了系统的整理和良好的传承与保护。2011 年 6 月，代县上阳花社火被列为山西省第三批省级非物质文化遗产名录。

宇文武社火

宇文武社火是太原市尖草坪区宇文村的武社火，是一种传

统的、地地道道的武术表演。它属于形意拳的一个流派，不同于其他的民间文艺表演活动，是汉民族文化传统与北方游牧民族文化传统相结合的产物。

宇文村所在地是古太原县，现为阳曲县。据资料记载，明朝时鲜卑族宇文氏曾居于该村，由此可知宇文村是北方鲜卑族的后裔聚居地。因此，宇文村自古就有习武之风，其历史可追溯到三百多年以前，村民习武成风，被誉为“武术村”。全村老幼习武传承三百年，人人都有一个“武术梦”。

宇文村的武术传统不断发扬光大，逐步形成了“武社火”的传统，成为极具特色的民间艺术活动项目。这种社火既没有铁棍、背棍、大头娃娃等艺术的夸张表演，也没有太原锣鼓、

宇文武社火

跑场秧歌、现代歌舞那样充满喜庆的节日气氛，表演者们使用刀枪棍棒，展示各种武术套路。它以豪迈的气势、敏捷的身手，感染观众，成为太原人最喜欢的红火形式之一。每当武社火开打之时，围观群众密不透风，现场热烈的气氛，使观众对自己祖先英勇善战、不畏强暴、保国护乡、大义凛然的民族气节和传统精神，生发出崇拜和向往的情感，这种情景是各种红火热闹所难以企及的。

宇文武社火集强身健体、艺术欣赏为一体，在借鉴武术套路和戏曲武打两者精髓的基础上，加入民间竞技表演，形成了一种独具风格、雅俗共赏的综合艺术形式。2017 年 5 月，宇文武社火被列为山西省第五批省级非物质文化遗产代表性项目名录。

盂县武术社火

阳泉市盂县武术社火是用武术器械来展示其特殊技艺的民间传统竞技表演形式，主要在盂县的西小坪村、芝角村、獐儿坪村、牛村、牛家村、东水沟村等百余个村庄流传，以南娄镇西小坪村的武术社火最为典型。

西小坪村武术社火起源于明朝洪武二年（1369 年），距今已有 600 多年历史。据武氏族谱记载，明朝洪武二年，西小坪村武家始祖武贞老人曾是朝中一名武官，他从寿阳来到西小坪

孟县武术社火

村定居，从事农耕，传授武艺，并且研习不断，武氏后人及本地民众也受其影响，故习武传统在当地经久不衰。

孟县武术社火是集武术套路、戏曲武打动作和民间社火表演为一体，运用武术的拳术、器械等套路的优点，借鉴戏剧武打的手、眼、身、法、步等程式，加入山西锣鼓、戏曲鼓点等打击乐伴奏，是武术社火中的典型代表。它的创作、表演来自百姓的日常生活，道具是生产、生活中的用具，如铁锹、扫帚和菜刀等，把它们赋予正义和邪恶的内涵，彰显独具特色的艺术审美价值。表演形式主要有集体表演、单人独练、双人对打、多人组合等，加上流水、跑圆场等程式和口哨、特技等元素，形成多位一体的综合表演，动作套路有 40 多种。

盂县武术社火经过 600 多年的传承发展，已成为当地人们日常生活中不可缺少的一部分，是逢年过节、赶庙唱戏中必不可少的民俗活动。

浑源耍故事

浑源耍故事是一种独特的社火，也叫“地秧歌”，属“踢鼓秧歌”的一种，是三大民间传统舞蹈（高跷、耍故事、跑旱

浑源耍故事

船）之一，主要流传于浑源县及其周边地区。

据说，耍故事起源于元代，绵延于明代，兴盛于清朝道光年间，是民众以保平安、祈丰年为主要内容的祭祀活动。随着时代的发展，逐渐成为以广场、街头小型表演为主的娱乐形式，主要表现形式为武功、对耍、单耍、戏耍和杂耍。

每年春节期间，浑源县各个乡镇都要举行耍故事社火，主要为了迎喜神、拜年祈福，祈求神灵保佑、免灾除难和祈愿村民日月兴盛、光景美好。表演内容主要取材于《水浒传》中水泊梁山英雄好汉“夜打大名府”的故事。表演人员有十八人，分别是宋江、张青、孙二娘、林冲、时迁、顾大嫂、李逵、鲁智深、武松、扈三娘、刘唐、安道全、吴用等。行当分为须生、武生、青衣、武丑、刀马、武花脸、二花脸、文丑等。表演者根据不同角色，身穿固定服饰，手拿特制道具，随着锣鼓点的强弱节拍翩翩起舞，舞姿多变，活泼异常，各有千秋。宋江与卢俊义各领一支队伍，或左或右，或分或合，或前或后，随着锣鼓点的强弱进行单耍、对耍及整体配合表演。男性表演者以踢、击、翻、跳的武技吸引观众，女性表演者脚步如行云流水，刚毅中透着温婉。表演者姿态招式各不相同，每一个演员、每一组演员和整支队伍都是一台戏，文武带打，激昂劲健，雅俗共赏。舞蹈队形有“天地牌”“大十字”“编蒜瓣”“双荞麦棱”“金钱眼子”“五葫芦”“城钩月”“万字”“八卦”“四大四小”等二十余种。道具有白马、红马、马鞭、大扇、彩扇、手锣、箭子、木棒、衣打子（拂尘）、货架牌、货郎鼓、书、笔等。服饰分为斗篷、马褂、打靴、界衣、道袍、女披、彩裤、彩绸、围裙、战衣、腰带等。头饰有红风帽、面牌、黑三枝（胡须）、黑线帘、女盔头、毡帽、蓬头、金箍、黑罗帽、黑水纱、红头网、大额子（盔头）等。伴奏乐器有大鼓、大锣、大钹。

耍故事集乐、舞、戏为一体，表演形式多样，独具一格，舞蹈动作敏捷，武术功底深厚，是一种具有旺盛生命力的传统民间艺术，体现了民众对美好生活的热爱、向往和追求。2012年，浑源耍故事被列入大同市非物质文化遗产名录。2013 年 12 月，其入选为山西省第四批省级非物质文化遗产代表性项目名录。2016 年春节期间，中央电视台以非遗主题在央视 13 套对浑源耍故事进行了现场直播，并大力宣传。浑源耍故事是姹紫嫣红的民间艺术“百花园”中一株别具一格的小花，虽不艳丽芬芳，却也散发着诱人的香气。

晋阳风火流星

晋阳风火流星，俗称“火流星”，融锣鼓艺术、民间杂技、传统武术为一体的民俗社火表演艺术，是春节期间自娱自乐的

群众性文化活动。它的起源有两种说法，一种是源于民间杂技中的水流星，一种是源于武术中的流星锤。

风火流星由单人或多人在晚上表演。“火流星”由铁丝编制而成，内装点燃木炭，用一米多长的绳子两头各拴着两颗流星。表演者通过两手做背花、馒头花、行、站、坐、卧、翻滚等多种动作，使绳子两端的铁笼在空中由慢到快地旋转，笼中火花四溅，火借风势，风助火势，形成各种各样的图案，展现出人在火中，火随人转的景象。表演的套路与武术套路大致相似，有双龙开道、火龙缠身、悟空舞棍、火龙十八滚等。表演

太原晋源区风火流星

由小锣鼓来配乐，在不同鼓乐声中变换动作，时而紧凑，时而舒缓，时而高昂，时而低沉，扣人心弦。由于风火流星制作简单、易于携带、表演方便等特点，且表演时产生出惊险刺激的视觉效果，为喜庆的节日气氛平添了几分亮色，深受广大群众喜爱。

风火流星是民间社火文化中的一朵奇葩，是太原的一项经典表演艺术。2008 年 6 月，风火流星经国务院批准列入第二批国家级非物质文化遗产名录。

二鬼摔跤

二鬼摔跤，又称“二娃摔跤”“二喜摔跤”，指一人背驮“二鬼”（傀儡道具）进行表演，是一种社火与杂技相结合的民间表演艺术。

据资料记载，二鬼摔跤是在吸收蒙古族摔跤技艺基础上将民间传统道具、舞蹈和体育竞技相融合演变而来的。这一民间舞蹈形式自诞生以来，就活跃于节日、庆典、祈雨等民间习俗活动中。到清末民初时，该表演达到了最兴盛的时期。

山西很多地区都有二鬼摔跤，以忻州市和太原市小店区为代表。每到春节、元宵节等重大活动，二鬼摔跤都是最受当地人民喜爱的节目之一。二鬼摔跤形似两人摔跤，实为一个真人

二鬼摔跤

表演，道具简单，表演随意。表演前，演员将做好的两个半身木偶鬼脸人绑在背上，二鬼的衣服垂在四围，遮住演员的身体；表演时，演员四肢着地，双手和双腿分别装扮成“二鬼”的双腿，模拟二人摔跤较量，在锣鼓的伴奏下，做出勾、绊、踢、躲、推、摔、翻等动作，独特的造型、极富感染力的表演不时地引起观众的喝彩。表演以打击乐伴奏，场地以广场或舞台为主，可一人表演，也可多人集体表演，但是以一人为主演，其余为辅助表演者。

二鬼摔跤造型奇特，幽默风趣，深受群众喜爱，是节庆社

二鬼摔跤

火表演的特色节目之一，旨在驱恶除邪，祈求风调雨顺。2009年4月，二鬼摔跤被列入山西省第二批省级非物质文化遗产名录。

霸王鞭

霸王鞭，又名“打花棍”，是一个集舞蹈、武术、体育于一身的民间优秀文艺节目。

霸王鞭有着1700多年的悠久历史，广泛流传于晋中、晋

东南地区，其中榆社霸王鞭在山西最为出名。但对其起源时间、地点、名称来历和演变过程，民间说法各异，主要有三种说法。一是起源于秦末，秦末楚汉相争，因项羽自称西楚霸王，霸王鞭由此得名；二是起源于西晋末年，五胡十六国中的后赵王石勒为榆社人，立志称霸中原，每次战斗胜利后，兵将们举枪挥鞭舞之，后将这种舞蹈称之为霸王鞭；三是相传宋代时，榆社人尚武成风，武术高手很多，其中一老者武艺高强，人称“霸王”，他的鞭技出神入化，人们争相学鞭，后来由鞭技逐渐派生出一种舞蹈形式。

榆社霸王鞭的道具是“双鞭”，用长约1米的木棍或竹杆

霸王鞭

制成。棍杆两端系上小铁环、铜环，后改为铜铃，并系红绸布条或金色穗条。基本技巧是用鞭端磕打四肢，后由最初的“八点法”发展为“四十点法”，磕打的位置不只限于四肢，还可磕打手腕、腰、腿外侧、后肩等部位，还有双鞭互磕、触打地面。主要动作有磕、打、推、转、挑、翻、荡、摇、摆、甩等十个花样。整套舞蹈分为“祝福篇”“丰收篇”“欢庆篇”三大部分，从而使霸王鞭的形式与内容更加协调、融合。曲谱属于大花戏的一种，曲调婉转动听、优美活泼、节奏明快。道具的装饰色彩与演员的服装色彩均以大红和金黄为主色调。霸王鞭风格独特，以粗犷豪放为主，中间又时有舒缓轻柔的韵律，整套动作快慢结合，轻重有致，高低错落，刚柔相济，富于变化，从而形成了特有的艺术魅力。

榆社霸王鞭具有浓厚的黄土高原的文化气息和较高的艺术欣赏价值，也具有锻炼身体、增强体质的功效，受到当地群众的喜爱。2006 年 12 月，榆社霸王鞭列入山西省第一批非物质文化遗产名录。如今，榆社霸王鞭已被编成教材，走进了县乡各小学课堂，使得这一民间艺术得到很好的传承，并且成为当地特色精品文艺节目。

渔翁戏蚌

渔翁戏蚌是一种化装表演的民间舞蹈艺术形式，主要流传于忻州、太原一带，晋南一些地方也有部分县流传，具有很强的戏剧性。

渔翁戏蚌源于宋代，成形于明代，是根据流传在民间的“鹬蚌相争，渔人得利”的成语故事改编，再结合民间舞蹈创造而成。当时只是一种在街头巷尾跑摊子表演的广场艺术，现

 渔翁戏蚌

在仍在广场表演，是逢年过节时群众喜爱的节目之一。

渔翁戏蚌，多数是由两人表演。由于表演中扮演的角色不同，在表演时也各有差异。以忻州地区的繁峙县一带为例，“渔翁戏海蚌”是通过渔翁以食物引诱蚌，引逗中泼水戏蚌，海蚌单壳打渔翁或双壳夹击渔翁，以及两者水中斗智和岸上追逐表演等，表现了渔翁与海蚌嬉戏逗乐的情景。表演分海蚌晒壳、水中斗智、岸上追逐、蚌戏渔翁、败逃、夹攻等六段。渔翁头戴斗笠，身披蓑衣，手拿钓竿。海蚌多由青年女子扮演，头戴电珠，身着鲜红古代女装，背上绑两扇贝壳，在优美的唢呐声中两扇豆绿蚌壳随人物感情和情节需要时张时合，翩翩起舞。后来，改编为一个渔翁、四个海蚌，或者没有渔翁，全是海蚌，成为社火表演中烘托气氛的集体舞蹈。在乐器配合上，文武场兼备，乐队演奏以繁峙民间音乐“乙字八八”为主旋律。

在晋南翼城县一带，逗海蚌就变成了“逗河蚌”，是西闫镇堡子村一种群众性的传统民俗活动。河蚌舞流传已久，起源于清嘉庆年间，距今有200多年的历史。故事情节是由逗蚌者追捕河蚌精，逗蚌者由丑角角色出演，河蚌精由旦角角色出演。逗蚌者有老船夫、钓鱼人、担鱼人、小丑等。河蚌精造型有“三环套月”“荷花绽开”等。在表演时，河蚌精做出多种躲、闪、逗的表演动作，主要动作有鹞子翻身、孔雀开屏、金鸡独立、仰面戏水等，以逗蚌者最终捕获河蚌精的结局作为结束。跑队形有“二龙出水”“掏 8 字”“蛇蜕皮”“龙摆尾”“套剪子”等。河蚌舞在 20 世纪 50 年代前，只是以逗蚌人和河蚌精双人表演为主。后来，河蚌精由一只变为四只或八只，逗蚌人也由一人到数人，同时增加了集体跑队形的内容，表演场面不断更新，气氛十分活跃，显得非常热闹。

太谷绞活龙

太谷绞活龙是全国独有的一种民间社火，是太谷灯与架火、杂耍及民间音乐结合的典范。

太谷境内有一句民谣：“东寺院的游九曲，田家后的绞活龙。”太谷田家后村的绞活龙起源于明代。相传，有一年二月初二傍晚，田家后村上空隐约出现两蓝一绿三条龙，围绕着一颗龙珠翻腾嬉戏，好长时间才散去。这一年，田家后村粮食大丰收，老百姓认为此地吉祥，于是在此建了一座龙灯庙。为了留住神龙，百姓在庙里塑了泥龙，用钉子钉牢。每年二月二时，大家便模仿当年三条龙出现的场景，在龙灯庙两棵大槐树之间扯上绳子舞龙，老百姓把这种社火活动称为“绞活龙”。与传说不同，太谷县志对绞活龙的起源另有记载：清嘉庆年间，太谷县城关田家后村（今田丰村）人田氏，经商于广东，他将绞活龙的制作方法与绞耍技术引进太谷，而后流传开来，盛行于太谷民间。

绞活龙一般在每年的农历除夕夜和二月初二“龙抬头”晚上进行表演，由村里有威望者担任社头，组织起“龙灯社”。绞活龙主要由“二龙戏珠”与“逗老龙”两部分组成。“二龙戏珠”是在场地上选择东西方向相距约 60 米的空旷平地，搭建“二龙戏珠”造型。老龙制作主要分为龙头、龙身和龙尾三部分，龙头重 30 多斤，龙身龙尾平年为 12 节，闰年为 13 节，长 15 ～ 20 米，下安木把，舞龙者须选 10 多个身强力壮的后生轮流抗把。表演时，一条十几米长的老龙，在 27 盏彩灯的伴舞下，踏着鼓点音乐跟随“引龙人”欢快地上场，随即龙棚中的操作者同时绞动辘轳的绳索，快慢有序，往来传动。十几个人抱着老龙的木把，在身右或身左，时而转圈，时而行进，做出游龙、龙摆身、龙卷风、滚龙、盘龙等各种动作，一条苍龙仿佛盘绕人身，翩翩起舞，二小龙往来流动，酷似遨游太空，它

太谷绞活龙

太谷绞活龙

们时而你追我赶，双双戏珠，时而又挑逗老龙，卖弄稚情。最后，小龙双双从口中喷出凌空四溅的烟花，同时地上排放开“锅子火”，光焰腾空而起，五彩光芒迸射，加上锣鼓的助兴，将绞活龙的表演推向了高潮。

绞活龙是众多社火艺术中的佼佼者，深受广大群众喜爱，被列入国家艺术科研项目和山西省第二批非物质文化遗产名录。

竹马

竹马，原是一种儿童游戏活动，后来逐渐发展为一种以战马表演为特点的社火活动。竹马，又称“马马社”“纸马”“火竹马”“裤马”等，广泛流传于山西各地，距今已有六百多年的历史。历史文献上对竹马的最早记载是《后汉书·郭伋传》:“有童儿数百，各骑竹马，于道次迎拜。”东汉以后，竹马成为儿童游戏。唐以后，竹马演变和发展成为一种民间艺术表演。宋代时，除了原始的胯下一根竹竿形式外，已开始用竹篾制扎，纸糊马头、马尾，具有了马的造型。现如今，竹马用竹皮或者竹蔑扎起骨架，外面用纸裱糊，再经过彩绘而成，分为马头、马尾前后两半，系于表演者的腰部，使表演者如骑马状。

跑竹马，一般在农历正月十五元宵节闹“红火”时活动于广场或街头巷尾，表演形式简便，动作容易掌握，主要是跑动时，以走场为主，有“双进门”“四门斗”“水溜溜”“绕八字”“蛇蜕皮”“十字靠”“剪子股”“跑圆场”“二龙出水”“南瓜蔓”等十余种场图。表演过程中，伴奏乐器大多使用锣、鼓、镲等打击乐器，也有的地方用唢呐吹奏民间乐曲。山西不同地区都有这种民间艺术表演形式，具有地方特色的跑竹马主要有寿阳大竹马、阳城裤马、沁县跑竹马、永济县火竹马等。

寿阳大竹马

寿阳竹马，又称“寿阳大竹马”，它既有高跷的魁伟高大，

又有竹马的彩饰造型，是集高跷、竹马、武打于一身的一种艺术形式，其中以武术之乡平头镇郭家沟村最具代表性。以前，寿阳竹马和当地的“爱社”同属傩剧艺术，主要用于驱邪逐疫、祀神祭天、祈求丰年。清代以后受戏剧影响，丢掉面具，转向了人物戏剧化表演。

表演前，根据剧情及角色需要，演员要面部化妆，身着武将服饰，前后扎竹制马架，脚踩半截高跷，组成一组组丰富多彩的武打戏剧场面。表演内容过去主要是关公和周仓的打斗场

寿阳竹马

面，随着社会发展和表演形式的不断完善，现在演出的剧本又有了《唐朝八大将》《幽州降香》《杨家将》《三英战吕布》《虎牢关》等，演唱曲调有“山坡羊”“马腔”等，接近山歌调，半说半唱，以说为主。整个表演过程中，演员们通过队列变换，在或急促或舒缓的锣鼓声中，左冲右突，你来我往，并伴有上坡前倾、下坡后座及马失前蹄等高难度动作，精湛的表演把剧中人物表现得栩栩如生。

阳城裤马

裤马即用裤做成的马，裤马表演发源于晋城市阳城县凌沟村。裤马多用有长裤腰的中式裤制作，裤子的一条腿做马头，另一条腿做马尾，裤腰做坐骑部位，外加马头制作而成。

阳城裤马形成于清代初年，源于民间活动，后来逐步成为祈求、庙会等民俗活动的主要形式。随着时代的变迁发展，裤马的制作逐步衍变和艺术化，表演方式也从单纯的庙会、祈求等民俗活动扩展到春节、元宵节及各种庆典活动。

表演时，在八音会“老开门”“节节高”“五朵花”等曲牌的伴奏下，以“双进门”“单进门”“水溜溜”“蛇蜕皮”“串花”“十字靠”“南瓜蔓”等列队表演，运用搓、蹦、跑等各种步式技巧进行各种表演，表演者装扮为各种人物，身穿戏服，胯下“骑马”，手挥柳鞭，拖拽而行，疾驰跳跃，表演阵容强

大、气势恢宏，形象地再现了古战场上千军万马激烈鏖战的雄壮场面，令人荡气回肠。其中，裤马演员表演的“尥蹶子”等绝活，风趣形象，令人叹为观止。

阳城裤马表演的特殊形式和千变万化的动作以及特殊的制作材料，蕴含着深厚的乡土特色文化，是古老民间舞蹈的遗存，具有重要的历史文化价值。2008 年，阳城裤马列入晋城市第二批非物质文化遗产项目；2009 年 4 月，列入山西省第二批省级非物质文化遗产名录。

抬阁

抬阁，又称“高抬”“挠阁”“脑搁”“背棍”“扛妆”等，是传统节庆活动中的一种民俗巡游表演形式，分布于全国各地，山西从南到北均有分布。它起源于中原地区的迎神赛会活动，后逐渐传到全国各地，在清代盛行一时。

抬阁是由数名儿童扮作古装戏曲人物，根据剧情组成不同造型，固定在四方形阁子的铁柱和支架上，由人抬着进行表

晋中（灵石）抬阁

演。造型多取自戏剧表演角色，造型高度在 3 至 5 米，阁子 3 层至 5 层不等。巡游时，每个阁子由 4 人或 8 人扛着前行。这种民间表演活动是融绘画、戏曲、彩扎、纸塑等艺术于一体，造型优美，画面壮观，深受广大群众喜爱。2008 年 6 月，抬阁经国务院批准列入第二批国家级非物质文化遗产名录，其中，山西的徐沟背棍、万荣抬阁、峨口挠阁被列入。除了这三种抬阁活动外，山西还有右玉脑阁、上党打桩、中黄高台等，每一种抬阁表演都具有浓郁的地方特色。

右玉脑阁

脑阁，国家级非物质文化遗产。“脑”是当地方言，意为将物品或人高高地扛起。所谓“阁”就是一个捆绑焊接得结结实实的特制铁架子。“脑阁”是将一个特制的铁架绑在人的肩背上，顶端架一名儿童。演出时，将“阁”固定在一男子身上，或者由 2 至 4 名男子一起抬着，这些扛阁的人都被称为“色脚”，按扛阁人数的多少，脑阁又分出几个别称：“担阁”“抬阁”“翘阁”。阁上表演者 1 至 3 人，清一色的孩子，叫作“色芯”，是表演的核心。色芯脚踩木制横梁，也被铁架子固定起来。

右玉脑阁是右玉县右卫城、威远堡、杀虎口一带传统的民间舞蹈。每年的正月十五左右，民间艺人都要装起脑阁，穿上戏服，走上大街小巷，秀一把他们的脑阁绝技。顶端架上的儿童，要求不哭，还要有体重限制，最好是3岁到9岁、体重合适、长相俊俏的孩子，他们身着色彩鲜艳的衣服，扮成各种戏剧人物，再以花草彩绸装饰，如仙子下凡。按照民间说法，凡是上过脑阁的孩子，将会一生健康、幸福、平安、吉祥。表演时，扛架者腰杆挺直，通过腰、膝、肩膀出力，在唢呐、锣鼓的伴奏下，点、颤、摆、走，带动上面的儿童自然地跟着左右扭动，二者形成一个整体，才有舞蹈的美感。其中，“扭”是整个舞蹈动作的基本步伐，要求成人演员扭动时用小腿发力。“颤”是上下起伏有点颤动，这样肩上的孩子就会给人一种轻快、跳跃式的感觉。“摆”是要左右摇摆有晃动，这样肩上扛的孩子的两臂才能自然摆动起来。移动队形则有“一字长

右玉脑阁

蛇”“二龙出水”“绕八字”“转圈”“穿花”等。跟着锣点的节奏，脑阁表演队在一名领队的指挥下，大人们扭动着，头上顶着的孩子们也挥动两臂，轻快地舞动起来，整个脑阁队变化着阵形，体现着力量与舞技的高度融合，又给人以飘飘然的美感。表演的题材广泛，有神话故事、民间传说，如《西游记》《水浒》《三国》《梁山伯与祝英台》《天仙配》《白蛇传》《八仙过海》等，还有一些历史、文化、人物的故事，以民族题材的故事居多。道具以马鞭、弓、箭、银碗、哈达、狼头、鹿角居多。乐器有锣、鼓、笙、唢呐等，锣是总指挥，所有演出动作一律听从锣的击打声。伴奏曲目有《大得胜》《将军令》《出姑子》。服饰是传统戏剧服饰，演出时，上下表演者均要“打脸子”，也就是化妆。

峨口挠阁

峨口挠阁是流传在代县峨口镇及雁门关周边地区的一种特殊的百戏杂艺，其发源于郝街、西村、楼街一带，后流传至聂营、阳明镶等地。“挠阁”为晋北方言，“挠”为抬起、举高，“阁”是“儿童”的意思。唐贞观版《代州志》中已有“挠阁”的记载。

每年的正月初三到正月十六，在代县春节社火活动中都要表演挠阁。挠阁一般出场数为十架，每架有壮汉、小孩各一人，按照不同的扮相要求，或略施粉黛，或浓妆艳抹，身着鲜艳的古代戏剧服装。挠阁架一般为铁制，“阁”蹬的架子，分坐架、站架、活架三种。挠阁人的服饰为猪嘴鞋、无领圆口大衫、大裆彩裤，“阁”的服饰一般为戏剧服饰。挠阁伴奏乐器分为打击类、吹奏类、拉弹类三类，打击类主要是鼓、铙、锣、碰铃等，吹奏类主要是唢呐、笙、笛子，拉弹类主要是大胡、二胡等。乐曲响起，下面的壮汉迈粗犷沉稳的舞步，上面的小演员也翩翩起舞。在热闹的音乐声中，小孩与壮汉配合默契，演员的情绪与音乐的氛围也相得益彰。峨口挠阁的扮相除

峨口挠阁

徐沟背棍

了《杨家将》《红楼梦》《西游记》《白蛇传》《梁祝》等历史故事和神话传说中的人物外，还常常配有一个丑角顽童，此人在一个特制的铁架子上，可以不受音乐节拍的限制而自由发挥，或者接二连三地翻跟头，或者用掸子嬉戏其他小演员，以增加欢乐气氛。

徐沟背铁棍

清徐县徐沟背铁棍是一项综合性的民间艺术，是一种兼具戏剧内容之精华、舞蹈动作之飘逸、雕塑造型之优美、杂技惊险之玄妙、绘画色彩之缤纷的独特艺术。这一民间艺术形式系由抬神求雨活动演变而来，其起源可以追溯到金代大定二年（1162 年）。在明代嘉靖年间，背铁棍活动最终成形，至今已盛行四百余年。

徐沟背铁棍分为背棍、铁棍两种形式，分别有各自的技巧特点。背棍形式为一个大人将一至三个小孩通过专用铁架扛在肩上，依靠下边大人舞步的扭动而带动上面小孩的摆动，上下融为一体，潇洒飘逸。背棍样式主要有三种：悬挂式、托举式、活心式。铁棍形式为下面八个大人抬着一张桌子，分前四人后四人两组，上面绑着三个或四个小孩，靠下面抬者的步伐带动桌体的颤动，从而带动上边小孩的摆动。铁棍一般分为半

徐沟背棍

棍、小转心和大转心及灯棍四种。背铁棍的人物形象和装饰制彩均依民间故事、戏曲主题而定，是民间故事和戏曲的高度概括和典型再现。如铁棍《西厢记》，背棍《凤仪亭》等，虽取材于戏剧故事内容，但人物形象更集中、更生动、更深刻，情趣更为浓厚，形式更为入目。

徐沟背铁棍是一种集民间口头文学、舞蹈、戏剧、杂技诸多艺术门类之精华于一体的综合性民间艺术形式，现已逐步形成独特完整的表演体系。它具有欧美芭蕾舞“托举”、东北秧歌“群舞”、民间高跷“凌空”的特点，细致的设计、精巧的构思、优美的动作比戏剧更淋漓，比舞蹈更有内涵，比杂技更为奇妙，闻名三晋，蜚声中外。

上党扛桩

扛桩，又称为“顶桩”“抬杠”“扮故事”“扛桩故事”等，是流传于上党地区的民间社火。扛桩社火明末出现雏形，清初成熟，至今有近400年历史。它起源于民间的祭祀活动，受当时佛教熏陶，每逢大旱，把两个儿童扮作童男童女抬出游行，以示求雨祭神，即称“抬棍”。久而久之，随着人们日常生活和祭祀活动的衍变，由抬棍变为扛在肩上赤脚行走，并加上了一些戏剧人物故事，也从单纯的祈雨祭神活动，成为每年春节、元宵、庙会等庆典节日的主要民俗活动。

扛桩相关器具由背架（即上桩和下桩组成）和叉杆、手锤、三脚等附件和戏剧行头组成。由成年男子身上绑扎一个或几个身穿戏装、手拿道具的五六岁男女儿童，穿行头、装饰化妆，并分组搭帮，组成一组故事，扮演成戏剧人物表演。表演的内容主要是《杨家将》《岳飞传》《西游记》等剧目内容，特别是《战幽州》《杨门女将》《孙悟空三打白骨精》《断桥》最为精彩。

扛桩伴随着民间祭祀活动而发生、发展，随着生产、生活的衍变，活动空间的拓展，不断繁荣，在长期参加民间民

上党平顺扛桩

俗活动中形成固定的特殊形式，具有独特性和重要的研究价值。

中黄高台

中黄高台是流行于山西襄汾县一带的民间文艺活动形式，是抬阁的一种。

中黄高台在明代已经形成。每逢祭神之日，艺人们分别扮演的各种神灵在吹吹打打、气氛热烈的音乐伴奏下，从神庙里走出来，然后到处游走，街头巷尾的男女老少跟随围观。由于人多，挤来挤去看不痛快，于是有人想出办法，把各种“神”的扮演者的位置抬高，请到木板上，然后将木板抬起来。这样，观众便可以清清楚楚地观看那些“神”的表演，后来，逐渐把这种表演的内容通俗化，接近于生活，这就是高台的来由。在襄汾县境内，由于中黄村的十二属相的“高台”别具特色，所以这种表演形式便被称为“中黄高台”。

中黄高台

中黄高台一般在每年正月十五元宵节演出，十二属相的“高台”表演时，十二个高台不仅表现十二种属相，而且还结合属相分别分出十二出戏，非常有趣。比如鼠——五鼠闹东京；牛——牛郎织女；虎——武松打虎；兔——月中嫦娥；蛇——白蛇传；马——泥马渡驾；猴——孙悟空大闹天宫；羊——苏武牧羊；猪——猪八戒背媳妇；鸡——时迁盗鸡；狗——杀狗等。

万荣抬阁

万荣抬阁集造型艺术与杂技为一体，是一种脱离地面、尽展凌空之美的表演艺术形式。其发源于万荣西村，现拓展至稷山、新绛、河津等县，临汾地区以及河南、陕西等地也有流传，其中以西村的抬阁最具代表性。

起初，抬阁是有钱人为了显示其富有的一种表演活动。相传，每年正月初一至正月十五，西村周边各村的乡绅富豪都要到西村举行祭祀活动，比试抬阁制作和表演技艺，通过相互攀比来显示自己的财力。他们用木头做成五尺见方、三尺高的架子，周围用彩布围住，富人家的子女在架子上做各种简单的人物造型，架子下面由8个人抬着，进行游街表演，这就是抬阁的雏形。清末民初至解放前，西村在四社闹红火时改为“挠”，即一个人“挠”着一个特制的木架子，木架子下部控

万荣抬阁

制在人的腰部，上面的人在木架上进行表演，因此称“挠阁”。20 世纪六七十年代，西村上庙改为在南大街闹红火，挠阁演变为抬阁，由 4 个人抬，抬阁的设计造型随之多样化，上面变成 1 至 2 个小孩，并且在上面能做各种简单的动作，使抬阁从呆板变得灵活，形成动静结合的艺术表演形式。改革开放后，小平车被大胆采用，成为抬阁的主要运载工具，木架也变成了铁架，一人变成了多人。抬阁的材料、高度、内容均不断发生着变化。

每年元宵节前后，西村周边各村都要到西村举行祭祀活动，比试抬阁制作和表演技艺。一架抬阁就是一出折子戏、一个故事、一段传说，表演起来风采卓著，妙不可言。抬阁制作工序繁多，设计复杂，物力、财力消耗大，但公众参与程度高。一架抬阁从构思设计到制作完成，需要分五步进行，分别为篾架子，抬阁架子的固定和运载，找演员，准备道具、模型、服装、化妆，绑抬阁。万荣抬阁的内容一般都取材于民间传说、戏剧、小说以及现实生活，深受群众的欢迎。代表作品有《三娘教子》《牛郎织女》《雷峰塔》《武松打虎》《拾玉镯》《高空飞车》《蹬马》《关公出征》《白蛇传》《西厢记》《招财进宝》等。

踩高跷

高跷，俗称“拐子”，是汉族传统民俗活动之一。每年的元宵节前后，这种特色民俗活动会出现在各地，在山西境内流行较为普遍，深受群众喜爱。高跷历史悠久，在春秋战国时期已出现，最早介绍高跷的是《列子·说符》篇，据古文献《山海经》中有关于“长股国”的记述，可知“长股国”与踩跷有关，是源于图腾信仰。

 踩高跷

山西高跷表演形式多样，地域风格迥异，且有文武高跷之分。高跷多为木质，高度不一，有的低至一尺多，有的高达一丈五尺，一般为四五尺。文高跷重扭踩和情节表演。扭时，表演者两腿肌肉收紧，两跷一顿一顿地踩地，上身耸身甩臂，灵活松驰，面部表情丰富，有的风流潇洒，有的幽默诙谐。用弦乐伴奏，边走边舞，变换各种队形，在街道上表演，舞者有的化装为戏剧人物，既表现历史故事，也表现现代生活，内容丰富多彩。形式上可以是一个人，也可以是系列人物，如许仙、白娘子和小青。武高跷重技巧和绝招表演，粗犷豪放，骁勇彪悍，用打击乐伴奏，以表演特技为主。多选用刚烈的历史人物，如《林冲雪夜上梁山》中的林冲，《大闹天宫》中的孙悟空等。山西具有特色的高跷主要有稷山高跷走兽、隰县响铃高跷、太原庙前高跷、定襄高跷秧歌、沁县元王高跷等。

稷山高跷走兽

高跷走兽是稷山县阳城村特有的文高跷，每逢农历闰年正月廿九举办庙会时为祭祀火神而表演，意为驱邪避妖，战胜灾难。此高跷盛行于清朝雍正初年，至今有近300年的历史。

高跷走兽是两人表演的连体高跷，由兽头、兽身、表演人员组成，高跷表演者脚绑木跷，腰缚兽皮，前系兽头，上身扮

稷山高跷走兽

演与之相应的人物，组成一组造型。表演时，两人依据所扮角色画着脸谱、穿戴着走兽道具，足踩高跷，同演骑兽状，在锣鼓、花鼓等传统打击乐器的伴奏下边舞边行，气势宏伟，十分壮观。高跷走兽的主要道具是走兽，其形象基本都是古时流传下来的，虽经多次修补，原貌仍存。兽头由技术很高的艺人做出模型，再用软布、麻纸、草纸经胶多层裱糊、阴干，取模并修饰，油漆上色而成。兽身主要由主架、竹板、麻带、麻丝、麻绳、铁丝、软布、草纸等缝制和绑缚，并粘贴、装饰而成。高跷走兽花样繁多，造型奇特，稷山县清河镇阳城村现存貁狼、独角兽、麒麟、鳌、梅花鹿、黑狸虎等造型。这些走兽有现实生活中的动物，但大部分是依据想象而来，更多的是图腾崇拜的产物，还有的来源于神话传说或故事。

高跷走兽表演体现了当地百姓祈盼风调雨顺、农业丰收的美好愿望，它丰富了当地民众的精神文化生活，增强了人与人之间的团结和谐，具有重要的社会价值、文化价值。2006 年 5 月，高跷走兽被列入第一批国家级非物质文化遗产名录。

隰县响铃高跷

响铃高跷是在跷腿上拴着铃铛以踩起来发出清脆悦耳的响声，因而被称为“响铃高跷”。其中，千家庄高跷最为出名，以其新、奇、独、难的表演特点被人称道，多次受邀赴各地演出。

据老艺人回忆，1942 年，村里来了一位河北人王师傅，有一手祖传的踩高跷特技。每年正月，他总是踩着高跷四处走动，特别是跷腿上绑着的黄铜铃，走起来声音十分悦耳。隰县千家庄的大人孩子都很喜欢，常常他在前面踩着跷，后面跟着一群人。村里的年轻人看着新鲜，就请王师傅传艺于他们，并与当地的秧歌结合表演，一时轰动十里八乡。从此，响铃高跷在千家庄代代相传，足迹遍及晋西、晋南各地，大受欢迎。

响铃高跷一般选用有韧性的河边柳木为材料制作而成。上扁，下细圆扁，从下至上 1 米处装上踏板（脚踏子），踏板下 50 厘米处各打一眼，穿上细麻绳，系上两个铜铃，最后再辅之以祥云彩绘。一般高为 1.5 米，最高的跷可达 2 米。

响铃高跷是当地春节、元宵节闹红火时的重要演出节目。演出时以小鼓、小锣、唢呐为伴奏乐器，队形变化主要有“一字形”“交叉形”“回环形”“蒜辫子”“蛇盘九个蛋”“五角星”“绕 8 字”等，动作惊险奇美，有跳桌子、上高台、叠罗汉、劈叉、拉骆驼等高难度动作表演，尤其是踩扁担表演，令人惊心动魄。曲牌多用当地的民间小调，如“拜新年”“放风筝”“买扁食”“绣荷包”等，曲调悠扬清新，节奏欢快活泼，让人百听不厌。

表演者多装扮成《水浒》《西游记》《白蛇传》等作品中的人物形象，扮相鲜明生动，有正反面角色，生活气息浓厚。正角妆扮有林冲、李逵等梁山好汉和戏剧中的孙悟空、白娘子等；反角有曹操、白骨精等；同时还有丑角，即三花脸，它的独特之处是把身边人、身边事加入娱乐表演中，集中体现在傻小子和媒婆子两个喜剧形象上。傻小子的扮相为头扎冲天辫，脖挂大烧饼，手拿打狗棍，脸画丑角妆，十足的傻小子样。媒婆子的扮相为头戴婆婆帽，身穿半长袄，一面挎篮子，一手拿笤帚，嘴角画一颗大黑痣。在表演行进中，傻小子傻里傻气，不

隰县响铃高跷

时吃一口胸前吊着的饼子，窜东窜西，打这个逗那个，做着各种傻样，逗人发笑。媒婆子则妖里妖气，不时抿一抿头发，扭腰丢胯，故做俏样，让人忍俊不禁。

2009 年，隰县响铃高跷入选山西省第二批省级非物质文化遗产名录。如今，响铃高跷依然盛行并不断推陈出新，是县城每年春节、元宵节和庙会以及重大庆典活动期间必不可少的品牌节目。近年来，还多次被临汾市和其他周边县市邀请表演。隰县千家庄把响铃高跷列为校本课程，一批小小传承人即将成长起来，成为响铃高跷的传承人。

太原庙前高跷

太原庙前高跷

太原庙前高跷源于太原市迎泽区庙前街附近，庙前街因地处“大关帝庙”前而得名。每年阴历的正月、二月二、五月十三（伽蓝菩萨圣诞日，俗称“关老爷磨刀日”）、七月十五（中元节，俗称“鬼节”），居住在庙前街的踩跷艺人就会齐聚大关帝庙前表演。

民谣曰：“西华门的狮子，亲贤的龙，庙前街的高跷爱煞人。”太原闹社火的队伍是一条长龙，最前面的是风火流星，紧跟着锣鼓乐队，后面是跑旱船、大头娃娃、秧歌队、舞狮子、耍龙灯……最后才是压轴戏——庙前高跷。喜欢热闹的老太原人说，看社火没有了高跷就不红火。

庙前高跷相传始于清乾隆年间，由当时晋商从直隶省保定府（今河北保定）引进到庙前街，距今已有二百多年的历史。它是将晋剧从舞台上搬下来表演的一种演绎方式，享有“戏曲高跷”之美称。清朝初期，因为舞台小，看戏的人多，很多后面的人看不到表演，于是就出现了庙前高跷。庙前高跷表演的大都是晋剧剧目，与晋剧不同的是庙前高跷没有舞台，是一种流动的表演，踩到哪表演到哪，跷就成了庙前高跷流动起来表演的工具。

庙前高跷表演大多以晋剧的某些唱段或折子戏为主，多以唱、念、扭、摆、舞、逗、颠、蹦技艺来表现。常见单体表演有金鸡独立、苏秦背剑、怀中抱月、蝎子倒钩、打蹲子、跌八叉、磕跷腿、鹞子翻身、风摆荷叶等。手头道具表演有挥扇、抡棍、挑担、打棒、舞剑、垂钓、甩袖、抖马鞭、耍烟袋等。群体组合有扑彩蝶、叠罗汉、编骆驼、攀杠子（上扁担）等。惊险表演有珍珠倒卷帘、鲤鱼跳龙门（跳越三层高凳障碍）、过（斜坡）独木桥、过天桥等。表演融入了大量的地方戏曲元素，以生动轻快、文华细腻的文跷见长，表演呈现出舒展飘逸、诙谐风趣、秀气袭人、引人入胜的独特风格。剧目有《西游记》《白蛇传》《拾玉镯》《柜中缘》等，《柜中缘》的傻小子

插科打诨，丑中见美，憨态可掬;《西游记》中的孙悟空腾空筋斗，威武刚劲；白娘子、许仙含情脉脉，意长情深。

2006 年 5 月 20 日，高跷被列入第一批国家级非物质文化遗产名录。2010 年，庙前高跷被列入太原市非物质文化遗产名录，2011 年又被列入山西省非物质文化遗产名录。

定襄高跷秧歌

定襄高跷是一边扭秧歌步，一边变换队形，然后进行评说和演唱，把高跷和秧歌结合在一起，叫作“高跷秧歌”。这种文艺活动独树一帜，它既不同于许多地方的高跷，也不同于别的地方的秧歌，而是把高跷和秧歌结合在一起，在原平、平定、定襄境内广为流传。

定襄高跷秧歌起源于明初，到了清代已很盛行，此后不断发展，一直延续到今天。活动主要在春节元宵期间，一支秧歌队伍多的有 70 至 80 人，另有一个引跷人。基本内容包括跷子、走场、动作、表情、化妆、扮相、服饰、道具、音乐伴奏等。基本动作有骑马式、坐轿式、推车式、行进式、自由式等。舞技有弹跳、跨步、旋转、独立、探海、劈叉等，亦扭亦唱，集体扭大场，个体唱小场。最见功底的是踩着高跷唱秧歌的演出，特殊扮相的演员踩的高跷甚至高达 2 米，在如此“高度”的高跷上配以八音队伴奏，实现又跑又扭又唱的“难度”，

定襄高跷秧歌

堪称一绝。所唱曲目均为本县民歌小调。以前的秧歌段子都来源于传统民歌，如《放风筝》《观灯》《光棍哭妻》《王婆骂鸡》《大红公鸡毛腿腿》等，现代表演的曲目大都取材于百姓生活，有的歌唱家乡变化，有的鞭笞生活陋习，有的吐露百姓心声，内容通俗易懂，丰富多彩，寓教于乐。唢呐伴奏是定襄高跷秧歌区别于其他高跷秧歌的一个显著特点，由八音会伴奏，高亢、粗犷，使高跷秧歌节奏明快，气氛热烈。

随着时代的发展，定襄高跷秧歌不断发扬光大，曾走上过省城街头，参加过重大庆祝活动的演出，也受到过中央电视台等国家级媒体的专题报道。

沁县元王高跷

元王高跷流传于郭村镇元王村周边一带，后传于定昌镇西渠上村、段柳、长胜村及郭村镇的开村、南沟村等。此高跷在沁县历史悠久，早在北魏至北宋年间沁县就有踩高跷的习俗，在沁县南涅水石刻馆展出的北魏石刻中，有一件“百戏图”石刻造像，上面刻有民间艺人踩高跷的图样，由此可见，踩高跷这一民俗对百姓生活的影响。

元王高跷大都在每年春节或元宵灯节演出，有武高跷之称，规模浩大，气势壮观，参加人数众多，且玩法多，技巧难，还有各种角色扮演，惟妙惟肖，深受群众喜爱。与其他高跷相比，元王村的高跷别具特色，不但跷腿高，能表演一些高难度的特技动作，如过断桥、跳高凳、跳桌子、跌八叉等，踩法有“走八字”“穿插队”“剪子股”“蛇蜕皮”“正步踩”“倒步踩”“过双桥”“骑象”等形式，而且这种高跷锣鼓点快，节奏紧。扮相有“三国人物”及戏剧、传说、神话人物，如《白蛇传》《西游记》等。

近年来，元王高跷在保持原有舞蹈的基础上，增加了许多高难度的杂技技巧，并融进很多情节，用独特的艺术魅力和现场爆发力去感染在场的每一个观众，表现出上党人民那种坚韧不拔、乐观向上的精神。

沁县郭村镇元王高跷

垣曲武高跷

武高跷在垣曲县分布甚广，主要流行于垣曲县胡村、坡底、小赵、上官、堡头等村，尤其以坡底村最为著名。坡底村的高跷数次代表全县参加全国、省、市等各级的文化交流演出，深受人们的好评。

据传，武高跷起源于孩童们玩耍嬉闹时的娱乐游戏，后来，村人加入锣鼓伴奏、装扮脸谱，逐渐成为节庆活动中的固定表演形式，传承至今。

坡底村武高跷一般在春节、元宵节等重大传统节日中表演，最大的特色是特技表演。基本动作主要有正走、倒走、跳

狗牙、穿 8 字、高跷二节抬、过天桥、抬三节、抬转球等。特技动作有单人过天桥、倒走过天桥、桥上劈叉、单腿扑蝴蝶、背拐、碰拐等，难度最大的是上虎梯。其中，扑蝴蝶需要三个人来完成，其中一人放蝴蝶，另外两人捉蝴蝶。二抬，就是下面俩人抬着一个人，总共是二层，所以叫二抬。三抬是八个人抬两个人，然后俩人再抬上边的一个人，总共三层，最顶层必须是一个重量轻的人。单人过天桥，顾名思义就是一个一个地走，从天桥上完成动作，该表演配乐较快，节奏欢快，这对个人的节奏感要求较高，跟着鼓点走才不会走错，表演时每个人

垣曲武高跷

之间要空出一定的间距，这样子可以防止出错。道具主要有高跷、绑带、抬杠、天桥。表演服装为古代武士服、小丑表演服装、戏剧服装等。伴奏乐器为大鼓、钹、镲、锣等，锣鼓点吸收秧歌舞蹈的音乐，大体为“咚咚，锵咚锵，咚咚，锵咚锵；咚锵咚锵，咚咚锵”，随着节奏的不同，鼓点时而快，时而慢，扣人心弦，尤其在特技表演的时候，鼓点疾如流水，令人随着鼓点而惊，随着鼓点而叹。

垣曲武高跷体现了民众对美好生活的向往和追求，其音乐沿用秧歌舞蹈的鼓点音乐，由群众自发组织、创新出许多表演技巧和内容，具有浓郁的地方特色。2013 年 12 月，垣曲武高跷被列入山西省第四批省级非物质文化遗产扩展项目名录。

安泽飞岭高跷

飞岭高跷是群众喜闻乐见的一种民间文艺活动形式，流传于临汾市安泽县府城镇飞岭村，始于 1860 年，至今已有百余年历史。

飞岭高跷技艺性强，形式多变，动态风趣，个性十足，具有鲜明的地域风格和民族色彩。表演队伍有三十人到五十人不等，表演动作有过仙桥、跳桌子、跳双凳、大劈叉等各种难度大的动作。飞岭高跷有文武之分，文跷主要表演走唱，有简单的舞蹈动作；武跷则表演倒立、跳高桌、叠罗汉、劈叉等动

安泽飞岭高跷

作。表演者扮作成各类戏剧人物，如老渔翁、济公、关公、唐僧、沙僧、孙悟空、猪八戒、小猴、许仙、青蛇、白蛇、秦叔宝、媒婆、傻妞等等，演员们诙谐的表演给观众带来很多的欢乐和回忆。

飞岭高跷的产生和延续，是安泽文脉的表现之一，体现出普通老百姓的灵气、含蓄、朴素、乐观向上和勤劳勇敢的精神，对于地方戏曲、音乐、民俗、群众文化等的发展都具有重要的研究价值。2011 年 6 月，飞岭高跷被列为山西省第三批省级非物质文化遗产名录。

高平神农高跷

神农高跷流行于高平市神农镇，迄今已有100余年的历史，在每年正月十五元宵节期间演出。

神农高跷表演内容为“香兰送闺女”，深受群众的喜爱，反映了山西地方嫁闺女的风土习俗。人物有老头、老妇、小舅子、伴娘以及四个轿夫抬着新娘子，他们身着彩衣，足蹬三米多的高跷，有的挑着蔬菜和酒，有的手执纱帕或彩扇，头上扎着花环或彩条。前面是八音会开道，边扭边跳并伴有语言逗趣。中间是武跷表演，演员脚踩两尺多高的跷却如履平地，一袭黑衣，快步如行云流水，王婆戏耍烟袋，挑逗出一片笑声，文丑头顶竖着小辫，风趣诙谐憨态可掬。演员们各种组合造型令人目不暇接，由 6 人组成的“飞人”造型更是令人叫绝，中间三名男演员一字排开相互挽臂，两侧各挽一名女演员，同时另一名女演员坐骑在正中间男演员的脖颈上，三名男士踩着急

高平神农高跷

促的鼓点儿开始原地转圈，此时两侧身轻如燕的女演员便顺势“飞了”起来，场面甚是壮观。

2011 年 6 月，神农高跷被列为山西省第三批省级非物质文化遗产名录。

襄汾天塔狮舞

狮子为百兽之尊，古人认为它能驱邪镇妖、保佑人畜平安，于是就把狮子作为驱魔镇邪之物，并在迎神赛社时模拟狮子的形象和动作进行表演，逐渐演变为民间舞狮的文娱活动。狮舞是伴随汉族民俗活动而产生发展的，主要表现人民喜庆、祝福的美好心愿，具有很强的观赏性和娱乐性。每当“爆竹一声除旧岁”时，传统的舞狮活动就伴随着送暖的春风和热烈的锣鼓，活跃在各地的社火活动中，为一年一度的春节增添了浓郁的欢乐气氛。在表演上，狮子舞一般可分为“文狮”和“武狮”两种，天塔舞狮属于社火中的“武狮”。随着狮子舞的广泛流传，狮舞技巧不断提高，难度不断加大，于是狮子跃上了高处并发展为在高凳上展示各种高难度的技巧和各种栩栩如生的神态，成为了狮舞一绝。

天塔狮舞，俗名“狮子上板凳”，是流传在襄汾县的一种集民间舞蹈、武术、杂技为一体的艺术形式。相传始于隋唐，

天塔狮舞

历经宋、元、明、清，距今已有 1400 多年的历史。

天塔狮舞在表演过程中要求表演者程式准确、动作敏捷、配合默契、胆大心细。表演开始，伴随着锣鼓的节奏，助手在几分钟内快速、准确、稳固地用二十九条板凳搭起十五层、九米高的塔台，凳子之间不做任何固定。在鼓乐声中，领狮人引领大小狮子上场亮相。在拜狮、引狮、戏狮、训狮过程中，舞者模仿狮子的各种动作，或蹲或立、或奔或走、翻滚、搔痒、抢球、踩球，憨态可掬、惟妙惟肖。随后，在领狮人的召唤下，群狮通过翻、腾、蹦、跳等动作，围着塔跃跃欲试，表演

天塔狮舞

进入高潮。随着急促的锣鼓点，领狮人迅速地在塔内转动攀爬，用几秒的时间快速旋转上至九米高的塔顶。领狮人在高空吹起一阵响亮的口哨，狮子们快速蹬上高桌向上攀爬，随着一层层登高，越到高处地方越狭窄，群狮不断随着领狮人的指挥调节着自己的位置。在达到顶端后狮子表演起了水中捞月、蜻蜓点水、瑶池摘星等高难度的动作。

天塔狮舞具有惊、险、奇、绝、美的艺术特征，被誉为华夏一绝，是山西乃至全国优秀民间艺术之一，其表演形式和精湛的技艺，是陶寺文化的延续发展和组成部分，是山西民间艺术闪亮的奇葩。2006 年 5 月，天塔狮舞经国务院批准列入第一批国家级非物质文化遗产名录。

翼城老虎上山

虎舞，俗称“耍老虎”，是流传于山西各个地区的一种传统民俗活动。翼城老虎上山是在虎舞的基础上发展而来的，但表演方式独一无二，具有鲜明的地方特色，其中涧峡村和张家庄表演的老虎上山堪称一绝。

“老虎上山”形成于明末，兴盛于清朝和民国，已有300余年的历史。它的表演情节是根据一段动人的传说创造的，传

说翼城有一樵夫在砍柴途中遇到一公一母两只大老虎和两只小老虎，仓皇逃命，老虎穷追不舍，幸遇一壮士搭救，壮士巧设妙计将四只老虎引上山，逐一处死，保住了樵夫的性命。于是，依据这个传说创造了一种舞蹈和杂技并存的汉族民间艺术形式——翼城虎舞。

每逢赛社、社火和庙会等重大节日时节，在翼城县总能看到惊险、刺激、精彩的“老虎上山”表演。表演一般需要 30 余人，表演时间约半个小时。表演时先在一空地上立一个高 15 米的木杆，搭建两块门板，再固定两把圈椅，作为“假山”，

翼城老虎上山

四条大绳从顶端斜拖到地面，形成云梯。表演前，首先要举行一个祭奠仪式，然后表演开始，先有一段樵夫路遇老虎的情节表演，武士一般都要进行武术表演，有打旋子和小翻等表演，接着武士与四只老虎在平地上搏斗，随后武士引虎上山，即沿着绳梯，一直把一只母老虎引上高杆顶端，老虎在高空中表演四面张望、打滚、喝水、抠牙缝、挠痒、直立等各种动作，另两只小老虎也跟着母老虎上山，并在山上与它们的妈妈嬉戏玩耍，做着凤凰展翅或金鸡独立等动作，而另一只公老虎在山下巡视，做着翻滚、翻扑、奔跳、直立等动作。整个表演中配以锣、鼓、钹等乐器，惊险壮观，气势雄伟，随后一一沿绳下山，表演结束。

“老虎上山”属高空表演形式，是一种融舞蹈和武术为一体的艺术形式，技巧性强，惊险壮观，独具特色，是劳动人民智慧和才能的结晶，深受广大人民群众喜爱。2011 年 6 月，翼城县老虎上山被列为山西省第三批省级非物质文化遗产名录。

马拉鼓车

马拉鼓车，又称“车鼓”，是一种独特的民间鼓乐，兴起于闻喜县北垣镇，现仅流传于凹底、薛店、阳隅以及新绛县、稷山县汾南一带。

马拉鼓车是远古农耕文化及冷兵器时代战争遗留的产物，古时用于战场，行军打仗时用来鼓舞士气，后来战事平息，人们安居乐业，这种打仗的产物逐渐演变成为一种民间的社火表演节目，用于一年一度的“祈年成”和“庆丰收”。据史料记载，马拉鼓车兴于距今已有2000余年的汉，盛于1000多年前的唐。《闻喜县志·礼俗》记载：“古时村各有迎神之俗。凡轮值之社，及沿定之期，锣鼓外必闹会，有花车、鼓车，皆曳以大牛。”

马拉鼓车是由古代战车演变而来的，最早是古代载重量最大的木制大车，车身车辕一体，车宽约五尺，长约六尺有余，加上车辕约丈二，车身高与人齐胸，辕干用以配套辕马抻辕驾驭，辕上另置数环可配置帮拉稍马使用。后来，用花布和花等材料装饰成彩车，一直沿袭至今。马拉鼓车的形式别具一格，是骡马车和鼓乐表演的完美组合，传统的文鼓车已失传，流传至今的是武鼓车，其表演过程分为跑鼓车和场地表演。表演前，村民把旧式的马车用各式彩布装饰一新，前面挂上几面镜子，中间坐着鼓乐手，由四匹或者十余匹马拉车，三四名赶车手招呼。表演开始，其他鞭手甩响马鞭开道，彩车在赶车手的吆喝下和震天的锣鼓声中一路狂奔，场面非常壮观。最大的马拉鼓车，要由三十一匹马来拉，鼓为特号大鼓，击鼓、敲钹、打镲的十余人，赶马车的十余人，一路上马蹄声、嘶叫声、吆喝声、鞭声浩浩荡荡，蔚为壮观，具有鲜明的地域特色和强烈的感染力。传统曲谱有“秦时关山”“农家乐”“双打鼓”“大排队”“得胜会”“凯旋归”“长街行”等。2014 年 11 月，闻喜县创作编排的鼓乐节目《闻喜马拉鼓车——闹红火》走进人民大会堂，把花鼓、战鼓、锣鼓等民间鼓乐艺术同马拉鼓车巧妙结合，乐器配合完美，音乐节奏欢快，展示了山西独特的民俗文化特色，深受群众喜爱。

马拉鼓车曲调丰富，鼓车装饰内容别致，表演技艺精湛，

马拉鼓车

是一种集鼓乐表演、舞蹈、体育于一体的民间综合艺术，它与当地民俗活动紧密联系，有着极其丰富的文化内涵，对我们研究当地的社会状况、风土人情、民间习俗有着一定的参考价值。

背冰亮膘

背冰，俗称“亮膘”，是流传于永济市长旺村和芮城县风陵渡镇的一种独特的民间文化艺术。

关于“背冰亮膘”的起源说法不一，主要有五种起源说。一是求神祈福，每年二月初二以背冰、背磨盘、扛铡刀等形式，祭祀泰山神，祈盼保佑，祈求一年四季风调雨顺，五谷丰登。二是争地显霸，以冬天背冰、扛楞条、背磨盘、扛铡刀等形式来争夺土地。三是背冰灭火，相传清朝咸丰年间，太平军北征攻打黄河渡口，清军用火点着木城墙，太平军部将领提议黄河凿冰，背冰块灭火破城，最终大获成功。这位将领解甲归田后，组织村民闹社火举办“背冰”活动，以显示不畏严寒、刚毅勇敢的英雄气概，此项活动自咸丰年间流传至今。四是祭祀龙王，民谚有“二月二，龙抬头”，中国民间在这一天祭祀龙王。五是迎春祭礼习俗，当地百姓称为“逗社火”，一群10岁左右的小孩在大人的安排下，怀抱公鸡，敲打着锣鼓，到

芮城县匼河村背冰亮膘

各“社火头”家门前耍闹，以此催促“社火头”带领大家闹社火。

“背冰亮膘”是在元宵节和中和节前后进行的一种民间社火，以民间舞蹈和祭祀仪式等形式进行展现。“逗社火”过后，一群社火队伍接踵而来，有扛旗队、锣鼓队、秧歌队，其中最引人注目的是一群青壮年，他们只穿短裤，露出上半身，背上背着冰块磨盘、石条，扛铡刀、大檩等，脚穿拖鞋，在凛冽的寒风中游行，伴随着鼓声，还有舞蹈和队形表演，展现了粗犷、强悍、刚毅的大无畏精神。“背冰”的重要表演动作有下

河、破冰、匍匐前进、刀枪不入等。整个活动以“背花锣鼓”伴奏，表演进入高潮时，有观众向背冰者身上泼水助兴，随着一团团热气腾空而起，掌声、赞叹声不断，人们此起彼伏的欢呼给这群体魄强健、意志坚强、不畏严寒的背冰人送去了赞美和祝福。背冰表演结束后，背冰人把背上的冰重重地摔破在地上，表示“背冰穿越火墙”的成功，表达了人们终于克服种种困难、战胜恶劣环境的成功与喜悦。

“背冰亮膘”经过一代代口授言传，深受当地民众喜爱，如今已成了节日社火的一种庆典活动。因其历史悠久、表演形

芮城县匼河村背冰亮膘

式独特，且有丰富的文化内涵，2006 年 12 月列入山西省第一批省级非物质文化遗产名录，2011 年 5 月列入第三批国家级非物质文化遗产名录。

晋南血社火

晋南地区临猗县的各个乡镇农村在每年的正月十五左右都要举行社火活动，主要有跑旱船、踩高跷、舞狮队、花车表演等，其中最具特色的社火表演有血故事社火和扎马角民俗活动。

晋南血故事

晋南血故事社火是一种少有的经典民俗文化活动，从何时流传下来，已无从考证。

每年大约在二月二龙抬头前后表演，多取材于凶杀格斗的传统武戏、神鬼传说，如《铡美案》《杨门女将》《小鬼推磨》《阎王换头》《王佐断臂》等。血故事的妆扮是在保密隐蔽的环境中进行，化妆、卸妆场面严禁拍摄。妆扮时使用猪、羊等家畜的血或者红的颜料涂抹在身上，道具使用特制的刀、枪、铡、剑等，这些道具也不随意外借。表演时，通过铡头、叉脖子、刺眼、断臂、刀劈脸、剖腹等阴森森的恐怖场景，通过群

众的精湛演技，用特写的表现手法，夸张地彰显给观众，寓教于乐，教育人们多行善举、不做恶事，汲取血的教训；更深一层的反映了人们对社会丑恶现象的极大憎恶和追求安居乐业的美好愿景。

血故事，这一经典民间文艺活动，凝聚着劳动人民深层次的文化基因，体现了特色的民族特征，但是，由于血故事多被定位为封建迷信、血腥恐怖，表演的村子已经没有几个了。

扎马角

扎马角主要分布于晋南临猗县黄河沿岸的南赵、薛公、孙

扎马角社火

吉、南（北）百底等村庄，是一种由祈雨祭祀演变为求吉驱灾的群众性社火活动。

扎马角活动大约已经延续了几百年，甚至上千年，但始于何年何代已无从考证。据说，临猗县气候恶劣，古时，祈雨无效后，老百姓自造一位“神上之神”，即“马角神”，一种能够降服天地鬼神的神上之神，可以威慑众神下雨。马角是一种凶神，具体是什么样子，谁也说不清。它不仅是古代祭祀活动中的一部分，而且蕴含着古老巫舞和傩祭的某些遗意，并有原始农耕社会血祭的意味，是农耕文明传承过程中一种较为典型的农事祭礼。

每年正月十五前后举行扎马角活动，扎马角有着很强的仪式感和严格的规范，其活动主要分为化妆、上马、跑马、下马四个步骤。“化妆”就是参加活动的人们及各种辅助人员，都要按照规程装扮起来，手持各种各样的法器用来表演。马角们头裹黄巾，胸缠红布，脸上涂有红色颜料，形容凶恶。“上马”指汉子们用筷子粗细的钢钎自口中进，从脸颊刺出，用牙将钢钎咬住，成为“马角神”。“马角神”们每过半小时用冷水漱口，防止流血。“跑马”为“马角神”迈着马步，边奔跑边用麻鞭抽打众人，驱赶邪气、晦气。人们抚摸马角，寓意为祈福求祥。也有家里盖了新房，或是生了小孩，想来年保平安的乡邻，为取兴头、沾喜气，争相要求“扎马角”一行人进家入户

"踩院子"，给小孩"披花红"。"下马"指活动结束，"马角神"们拔掉钎子，对伤口稍做处理，活动就此完成。

2015 年，"扎马角"成为运城市非物质文化遗产保护项目。

后土祠社火

后土祠社火是村民在后土祠内祭祀后土后表演的传统社火。后土祠是最古老的祭祀后土女娲氏的祠庙，华夏根祖文化的源头，具有深厚的历史文化内涵。"华夏始祖今何在，山西万荣后土祠"，后土祠的历史价值可见一斑。而万荣后土祠社

万荣后土祠祭祀

万荣后土祠祭祀

火被视为社火正宗，具有规格高、规模大、程式讲究等鲜明特色。

每年春节到元宵节期间，万荣县镇政府会在后土祠组织一系列民俗活动。元宵节当天，由供品、旗队、花队、锣鼓队等组成的祭祀队伍浩浩荡荡拥入祠内，祭祀仪式结束后，舞狮、锣鼓等传统社火节目轮番上演，其中，最为吸引人的是“锣鼓上庙”。它是拿着以锣鼓为代表的表演器具到后土祠去祭祀后土，其不是一项社火，而是一整套社火。传统“锣鼓上庙”由十村六社轮值举行，大村六年轮一次，小村二十四年才会轮值一次。现在的“锣鼓上庙”是周边村庄、社家自发组织的，每年参与“锣鼓上庙”的村庄有十个左右。因为“锣鼓上庙”传统代表了一个村的精神风貌、整体形象，所以大家在“锣鼓上庙”的过程中，都愿意拿出最好、最精彩的节目。表演时，两支锣鼓队同台演出，气势浩大，节奏强烈，竞争非常激烈。这些表演代表了一个村的精神风貌，竞争使得“锣鼓上庙”的规模一年比一年大，表演一年比一年精彩，充分展现了万荣儿女“永不服输、争上游”的豪迈气势，让围观群众深刻感受到了后土文化。

万荣后土祠社火保留了祭祀的内容和整套形式，为中国的民俗、传统文化保留了一个标本。

跑旱船

旱船，即陆地上跑船，是一种模拟水中行船的民间艺术表演形式之一，始于我国北方地区，其历史悠久，源远流长。宋代的《太平广记》中记载旱船早在唐代已流行。每逢春节和喜庆佳节，山西境内各地都会举行这项民俗演出项目，表演的目的除了娱乐，还用来祈求来年风调雨顺、大吉大利。

旱船是用竹、木、秫秸等材料，依照船的外形制成木架，在船形木架下面围缀上绘有水纹或海蓝色的棉布，船的上面用红绸、纸花、彩灯、明镜、流苏等装饰，精巧华丽，美观大方。船中间留出空间让表演者站立，船系其身，再穿彩服，双手扶船稳舟，犹如坐在船上。表演者一般是一个人，有时也有双人、四人甚至七人共同乘用一只船。跑旱船时，有一名“艄公”划桨引船，在前头带路，做出各种各样的划船动作，乘船者走快速碎步，使船身保持平稳的状态前进，犹如船在水面漂动，形象地塑造出船在水中行的情景，在前进中，跑出各种各样的活动图案，形成各种各样的套路，起伏波动、生动活泼，十分吸引观众。表演过程中，使用锣、鼓、钹等打击乐器伴奏，也有的地方加上一至两支唢呐伴奏。以舞蹈形象表现劳动或爱情生活，反映水流湍急、乘风破浪、河道弯曲、水打漩涡、船被搁浅、抛锚停泊等情景。山西的旱船表演尤以阳城跑旱船、翼城孝义旱船最具地方特色。2009 年 4 月，跑旱船列入山西省第二批省级非物质文化遗产名录。

阳城旱船

阳城旱船是阳城县社火表演中的一种传统舞蹈形式，是群众喜闻乐见的民间传统文化之一。其分布于全县各个乡镇，最具代表性的是凤城镇东关村和西河乡陕庄村的旱船表演。

阳城跑旱船发展至今已有 200 多年的历史，随着历史的发展，活动方式也由单纯的祭祀（祈雨）活动扩展为庙会等社火活动和正月十五闹元宵等节日庆典活动。阳城旱船是木制的

船形结构，加以装饰，由艺人背缚表演。东关村的旱船装饰华丽，旱船长约 2.5 米，宽 1.3 米，高 2 米。旱船大小不等，一般为二人船，大的可载四至八人。表演时，一名“艄公”划桨引船，并伴随着音乐做出各种各样划船的动作，“乘船者”表演各种动作和造型，具有浓郁的地方风情和民族色彩。表演内容多为戏剧人物造型，如《杨家将》《岳飞传》等故事中的人物，也有表现其他传说故事的。后来，在长期民俗活动中，旱船表演巧妙吸收了民间舞蹈的表演程式，熟练掌握了碎步、搓步等技巧，将整个迎风破浪、乘胜前进的跑船态势表现得行云

阳城跑旱船

流水，惹人喜爱。表演者在旱地表演水面行船的动作，表达对美好生活的向往。

阳城旱船的发生、发展，经历了清代、民国的成熟和繁荣，日本侵华时期的中断，建国初的抢救，“文革”中禁演至衰落，20 世纪 80 年代的复苏，几起几落，传承至今。由于种种原因，面临失传危机。目前，阳城县已采取四项保护措施：一是开展对“阳城旱船”的传承及沿革等项工作的摸底补遗工作；二是积极倡导培养一批骨干传承人员；三是撰写《阳城旱船》，搜集整理民间艺术口诀；四是在培养传承的基础上，打造“阳城旱船”精品项目。

翼城孝义旱船

翼城孝义旱船是传统的民间艺术表演形式，主要流传于孝义、中卫、武池、西关、下高、北关等地，而孝义村是翼城县跑旱船的发源地。孝义旱船历史悠久，形成于清初，至清光绪年间，已负盛名。

孝义旱船船体大，表演套路多，独具特色。表演时，多只彩船参加演出，多时六只船，少时两只船，旱船是先依照船的外观形状制成木框架，然后在木架周围绘上水纹的彩画或围上海蓝色棉布裙，船身上面用竹竿搭一凉亭，以红绸、镜子、绣球、纸花等装饰，用彩绳网起来，并配以船灯造型。驾船人为

翼城孝义旱船

小姑娘或小媳妇，一只船配一船夫，表演者均以戏剧《白蛇传》《打渔杀家》人物化妆，头戴黑色或黄色圆圈帽，前面上翻，写有“寿”字，嘴戴白色长胡子，身穿黑色或黄色道袍，腰系板带，脚蹬长靴。表演开始时，船夫高喊一声“开船喽”，彩船排成一排停在后边，由划船人在园场中进行武术表演，或打旋子，或过小翻，或对打等。进入跑船后，船夫先是进行起锚、拉帆、撬船、起船动作，接着走一圈“平水”，继而走“上水”（逆水行舟）和走“下水”（即顺水而下）。船夫的基本动作为左旋风、右旋风、二起脚、五起脚等，较难的动作有三百六、云黑翻等。表演套路主要有“掏八字”“穿茧孔”“蛇蜕皮”等，或进退，或起伏，或搁浅，或旋转，或穿插，均胜水上漂。船身时时保持平稳，相错时不能太远，也不能太近，必须恰到好处，不能互相碰撞。表演配乐主要有鼓、锣、钹、唢呐等，乐队一般为 30 人左右。

潞城民间赛社

迎神赛社是民间社火的一种，赛社源于周代腊祭习俗，“赛”指酬谢，“赛社”指酬谢土地神，是一种祭祀土地神的活动。晋东南的潞城贾村是上党地区赛社遗存的典型，是古代社祭与驱傩仪式的遗存，被专家、学者誉为“华北第一社火”、研究中国赛社文化的“活化石”。

贾村赛社活动沿袭“每年一小赛，四十年一大赛”的古规，保存着宋元时的面貌特征，采用自明代相传的《周乐星图》赛社礼乐用本，遗存着宋元伎乐表演特色。赛社活动主要由农历二月二的香火会与四月四的古庙会组成，二月二的香火会主要是祈求农业丰收，而四月四古庙会则主祀碧霞元君以及诸类神灵。按照以年、月、日、十二时辰排定的二十八宿神祇当值状况，进行供盏，并确定相应的供祀祭品和礼仪程序，主神庆寿，百神共祀，以祈求得到神灵的庇佑。每次赛社活动一般持续五天或六天，仿照宋代帝王“圣节”寿宴的礼制，上百人的

潞城贾村赛社

队伍各司其职、各尽其能，场面气派宏大，仪节繁缛。

赛社活动包括“下请”“迎神”仪式，之后三天赛社，分别称为“头赛”“正赛”“末赛”，最后以送神结束。完整的供盏仪式有所谓“前七、后八、中十二”和“跑太阳”准一盏之说，即头赛七盏、正赛十二盏、末赛八盏，外加“祭太阳”一盏，总计三天二十八次供盏仪式。每次供盏，先“一茶三酒”，再接每盏两趟（先果后食），每趟都在神前敬酒。供盏完毕，最后再献一趟茶，供盏结束。供盏过程中，“亭子”端盘，“帏子”执仗，人数由神位多少而定。前行细乐八人，报食、亭帏、押盏人员分列两行相随，号称“东西两班”。队伍按规定路线，东

潞城贾村赛社

上、西下。在整个仪式中，以前三盏礼规最严，强调“吹头盏，唱二盏，舞三盏”，即头盏细吹细打，二盏靠乐歌唱，三盏队舞或队戏。队舞有文舞、武舞，文舞即“花队”女舞，武舞多为戴面具的迓鼓队和“再撞再杀”形式的舞蹈。赛社举行的场所主要是贾村大大小小的庙宇、舞台、戏台，音乐以上党吹打乐为主，有特制的服饰和道具，其中“插祭”中的面祭最有特色。

潞城民间赛社将宗教、祭礼、娱乐和民间戏曲艺术完美地融合，蕴藏着丰富的文化因素，具有奇异、神秘的色彩和独特的审美价值。2006 年 5 月，贾村迎神赛社及其相关的戏剧活动被列入第一批国家级非物质文化遗产保护名录。

独辕四景车赛会

独辕四景车赛会是平顺县城西北社乡于农历三月初九在九天圣母庙举办的一项传统民俗庙会活动。

四景车的产生与九天圣母庙庙会颇有渊源。九天圣母庙属宋代建筑，是国家级重点文物保护单位。每年三月举办的九天圣母庙庙会在当地影响很大，是当地民众最乐于参与的一次盛会。据有关专家考证，九天圣母庙庙会是九天圣母的祭祀大典，而四景车是祭祀活动中的仪仗车。有关专家称四景车的构

平顺北社四景车

架设计、车体造型酷似北京故宫的角楼，据此推断，四景车创始于明代。清朝咸丰年间岁贡牛联奎老先生作诗盛赞：“四景神车不计年，八村五社会流传，赛期例卜三春幕，宴酒先尝二月天。廿四马楼列后，几重社鼓引当前。东下南北西流转，崇奉丹宵太乙仙。”从诗中反映了四景车在当地是非常受欢迎的。

四景车以其别致的设计、精湛的制作技艺和古朴淳厚的乡韵表演，备受人们喜爱。它是乡民精心设计的民俗木制加铁条艺术品，车体造型为角楼型，结构巧妙，气势宏大。车总高约13米，宽1.7米，通体用木质构架。从下到上共分三节：第一节为车厢，高1.5米，长6.8米，宽1.8米；第二节为盆，平面方形，高3.6米，宽1.7米；第三节为楼，高6.8米，装饰雉翎高1.5米。第一、二节装饰通车用彩绸、彩纸手工扎制。

四景车的“四景”并不是车本身有四个景象，而是车身结构中有四处巧妙的设计。一是车辕只有一根，一根独木车辕上却套有两头大犍牛。二是辕头设置的牛肩杆，不是固定在辕头上，而是用三个特制的榆木套犋用连环套套在一起的，随意活动都不会脱辕。三是车厢地平板与其之上的车盆主架相连接，不开卯榫，只用麻绳捆绑固定，看似危险，却很安全。四是盆的主架顶端与楼的主架下端，八根木杆头对头连接，也是只用麻绳捆绑固定。一根独木巨辕横贯整个车体，两个木质车轮支撑全车重量，三层木质构架似轿如楼，四头肥壮犍牛承驾辕头，百名驾车能手紧随车身前后。远看，四景车如移动的宫殿，富丽堂皇，巍峨壮观；近看，四景车如精致阁楼，红黄绿蓝彩绸装饰，五彩纸点缀，扎制工艺精巧逼真，雉翎高插，气宇轩昂。四景车从东河九天圣母庙到主会场（圆心地）相距约5千米，中间还要经过约50米长、45度的土坡，其路程远、坡度大给跑车带来一定的难度。但从来没有听人说过在历年大赛会中发生过翻车事故。

四景车是民间木工艺人的一个创造，也是木制品从实用性到艺术性和观赏性的一个升华，承载着千百年来当地劳动人民的聪明才智，蕴涵了丰富的民间文化创造成果，象征着太平盛世、风调雨顺、五谷丰登、吉祥如意等。

如今，独辕四景车赛会已成为上党大地一张靓丽的文化名片，并于2011年5月列入第三批国家级非物质文化遗产名录。

柳林盘子会

柳林盘子会，又称为“三官会会”“小子会会”，是春节期间柳林县县城及城郊穆村一带举行的一次以“盘子”庙会为中心的民俗活动。盘子会起源于古代搭棚祭神活动，最早可溯源于唐玄宗开元年间。到明代，原始的神棚不能满足民间宗教信仰活动的需求，匠人模仿唐代“祭盘”，将庙宇、神像按比例

柳林盘子会

缩小，精雕细刻，油漆彩绘，制作成“盘子”，供奉神像。明末清初，柳林盘子会已经具有一定规模。

盘子民俗活动中的“盘子”是盘子会的核心和主要载体，一系列民俗活动都围绕其进行。“盘子”是一种制作非常精美的组合型阁楼式仿古建筑模型，是民间庙宇的高度浓缩，融“儒、佛、道”于一炉，集雕刻、面塑、绘画等众多艺术于一身，由精雕柱廊、彩绘木板等组合而成，一般为两层，高四米，长、宽为三米，供奉天官、财神、观音等神像，各类供品奉上。如今，盘子制作材料不限于木料，还有铁质、水泥、汉白玉的，但木制盘子是最正统、最精细的。目前保存最古老的盘子是清朝光绪二十六年（1900 年）穆村沙曲的木刻盘子。

每年正月十三到正月廿六，特别是元宵节前后，柳林县城周边摆放着各式各样的盘子，盘子下人头攒动，香烟缭绕。盘子会仪式隆重，从开始筹备到礼成结束一般需要两到三个月时间，主要包括筹集资金、蒸供献、搭盘子、出盘、许愿、还愿、上锁、求子、分份子、送神与卸盘等。除了祭祀祈福外，人们以盘子为中心，搭旺火、建戏台、唱大戏、扭秧歌、听弹唱、转九曲、赏花灯等，一起载歌载舞，共庆节日。

柳林盘子会是晋西民俗活动的文化品牌，被中外民俗专家誉为“东方狂欢节”。它不仅保留和传承了众多民间艺术和技艺，而且通过祭盘的相关活动增强了民众的团结与互助。2008年6月，柳林盘子会被列为第二批国家级非物质文化遗产名录。

柳林盘子会

参考文献

白以娟主编:《中外民族民俗》，旅游教育出版社，2013 年。

郭艳萍、吕继红主编:《中国民俗旅游》，中国旅游出版社，2016 年。

韩富科、孙永亮主编:《太谷民俗文化》，三晋出版社，2013 年。

暨南大学《武术》编写组编:《中华才艺系列·武术》，暨南大学出版社，2013 年。

晋旅主编:《山西故事·民俗风物》，山西人民出版社，2015 年。

柯杏、诗秋:《并州风情》，山西人民出版社，1991 年。

林继富主编:《中国民间游戏总汇》(综合卷)，湖南文艺出版社，2016 年。

林继富主编:《中国民间游戏总汇》(跑跳卷)，湖南文艺出版社，2016 年。

林继富主编:《中国民间游戏总汇》(角力卷)，湖南文艺出版社，2016 年。

林继富主编:《中国民间游戏总汇》(手工制作卷)，湖南文艺出版社，2016 年。

卢有泉、卢世楠主编:《中国儿童传统游戏》，山西教育出版社，2015 年。

聂元龙:《山西民俗摭拾》，山西人民出版社，2012 年。

任亚娟:《山西运城市“背冰亮膘”的研究》，山西师范大学硕士学位论文，2012 年。

三晋:《民间艺术之花——榆社霸王鞭》,《山西老年》，2013 年第 10 期。

桑爱平主编:《人文襄垣丛书·民俗风情》，北京燕山出版社，2011 年。

王苏陵、王利斌主编:《黎城县非物质文化遗产名录》，三晋出版社，2014 年。

温幸、薛麦喜主编:《山西民俗》，山西人民出版社，1991 年。

乌丙安:《中国民俗学》，辽宁大学出版社，1985 年。

邢娜:《山西太原庙前高跷的传承研究》，山西师范大学硕士学位论文，2014 年。

张秋旺主编:《晋城市非物质文化遗产保护丛书·名录图典》，三晋出版社，2011 年。

赵宝金主编:《翼城县志》（下卷），山西人民出版社，2007 年。

后　记

山西表里河山，历史悠久，民俗文化资源丰富多样，地域特色十分明显。开展对山西民俗的研究，是我们在前期《山西文明史》研究基础上对山西文明研究的进一步细化与深入，这对于加强民俗文化资源的保护与利用，重塑山西精神，坚定文化自信，助推文旅融合，都具有积极意义。

《民俗山西》（共十册）于 2016 年 5 月立项并正式启动，由杨茂林担任学术指导及主编，董永刚具体负责组织实施，韩雪娇配合。该书在撰写上主要以社科院历史所人员为主，同时吸收了经济所、社会学所、语言所、原晋商研究中心、《五台山研究》编辑部等多位同志参与。由于该书内容庞杂、覆盖面广，为了尽可能做到材料详尽、史料准确，在编写过程中，项目组多次组织作者们分赴晋西北、晋南和晋东南等多地展开调研，并积极调动各方社会资源为书稿的编写提供线索和材料，有效地保证了项目的进度和质量。到 2019 年 10 月，全套初稿基本完成，但囿于撰写时间较短和作者专业不同的限制，书稿在写作风格、行文笔触、史料选取、图片使用及篇幅大小上存在明显不一，与最初设计有一定距离。为此，在杨茂林的统一指导下，我们又用了一年多时间，几经易稿，每一册书较前期都有大幅度的改动。直到 2021 年 9 月，整套丛书的修改和配图才基本完成并启动出版流程。难度不谓不大！

作为一套图文并茂的文化普及类图书，无论文字还是图片要求，与普通出版物有很大区别，尤其在图片的搜集和使用上，其困难超出我们的想象。为了得到好的图片资源，山西省考古研究院刘岩副院长、洪洞县文物旅游局刘慧副局长、黎城县民间文艺家协会李建华主席、商务印书馆薛亚娟女士、山西人民出版社席青女士等给予了我们很大支持。该丛书出版前夕，山西省书画院韩少辉院长欣然为本书题写了书名，在此，我们表示衷心感谢！同时也向在编写过程中给我们提供指导和提出建议的社会各界朋友表示诚挚的谢意！由于民俗图片要求特殊，本书在图片搜集过程中，也针对性地选取了几张源于图书和网络的图片，但未能与作者取得联系，为此，我们向作者表示歉意！必要情况下可以和出版社或本书作者取得联系。

编写此类图书是我们的第一次尝试，尽管我们付出了很多努力，但总难免有欠妥与谬误之处，恳请广大读者朋友及专家、学者提出宝贵意见和建议，以便改进我们的工作！

《民俗山西》编写组

2022 年 1 月